부수로 연상하는 한자 길라잡이

초등한자
따라 쓰기
1000字

한국두뇌개발교육원 · 한국기억술연구원 손 동 조 지음

BM (주)도서출판 성안당

머리말

한자는 사물의 형상을 본떠서 만들어 한글보다 모양이 훨씬 복잡하고 다양합니다. 한자를 쓰고 기억하는 과정은 이미지를 떠올리는 연상훈련의 과정을 거치기 때문에 한자 공부만으로도 우리 아이들의 두뇌활동이나 잠재력 개발에 많은 도움이 됩니다. 이러한 이유로 한자 교육의 필요성이 강조되며 전국 초등학교에서 한자 교육이 활발하게 이루어지고 있습니다.

하지만 우리 아이들의 한자 모양은 한자의 다양성만큼이나 제각각입니다. 쓰기 과정에서 가장 중요한 것은 바른 서체를 잘 선택하고, 획순을 보지 않고 쓸 수 있을 때까지 한 자 한 자 열심히 써 보는 것입니다. 처음에는 많은 글씨를 빨리 쓰기보다는 정성 들여 써 보는 것이 가장 효과적입니다. 따라 쓰기를 반복해서 연습하다 보면 제각각이었던 아이들의 한자가 바른 모양으로 바뀝니다. 그리고 자연스럽게 한글도 바르게 쓸 수 있게 됩니다.

이 책의 특징

- 한자 쓰기는 바른 인성의 기본 중 하나인 인내심을 키우는 데 매우 적합한 공부이다.
- 몸과 마음을 집중하게 되어 한자 쓰기 연습이 곧 집중력 훈련이 된다.
- 정성 들여 쓰다 보면 자연스럽게 글자의 모양과 뜻을 이해할 수 있게 된다.
- 국어의 70% 이상을 차지하는 한자를 배우면 다양한 단어와 어려운 문장도 쉽게 이해할 수 있고, 더불어 폭넓은 지식을 쌓을 수 있다.

이 책은 한자가 지니고 있는 특성을 바탕으로 하는 훈(訓: 뜻)과 음(音: 소리)을 익히고, 각 글자에 대한 짜임과 순서를 정확히 알게 되어 한자를 이해하고 효과적으로 활용할 수 있도록 하였습니다. 또한 머릿속에서 그림을 그리듯이 한자에 핵심 부수한자를 연상 기억하면서 쉽고 빠르게 한자를 기억할 수 있게 하였습니다. 한자의 모양을 도형과 부수로 쉽게 이해하며 쓸 수 있도록 재미있게 구성한 이 책을 통해 한자를 재미있고 즐겁게 공부해 보기를 바랍니다.

저자 손 동 조 원장

차례

1장　초등학생을 위한 한자 공부의 기초

2장　초등학생을 위한 기본 선 긋기

3장　초등학생이 꼭 알아야 할 한자

부록

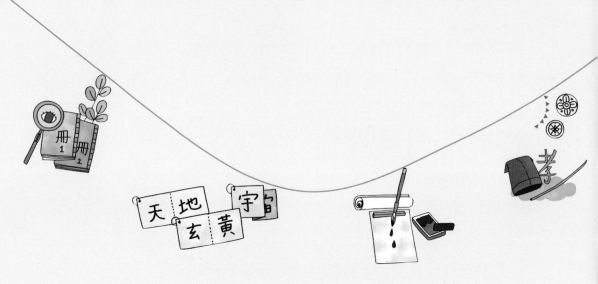

부수로 연상하는 한자 길라잡이

초등한자 따라 쓰기 1000字

1장

초등학생을 위한
한자 공부의 기초

- 글자 쓰기의 올바른 자세
- 한자 부수의 위치와 명칭
- 한자 필순의 기본 원칙
- 한자가 만들어지는 육서의 원리
- 한자의 공백선과 간격 도형의 이해
- 한자의 공백선과 간격 짜임의 이해
- 한자 획의 길이와 대칭 간격의 구도선
- 도형에 따른 한자의 형태

글자 쓰기의 올바른 자세

글자를 바르게 쓰려면 기본적으로 책상과 의자의 높이가 몸에 맞아야 한다. 너무 높거나 낮아 불편함을 느껴서는 바른 글자를 쓸 수 없다. 책상에 앉아서 글을 쓸 때는 상체를 15° 정도 숙인 상태에서 양손을 책상 위에 편하고 가볍게 올려놓는다. 가슴으로부터 약간 벗어나 우측 겨드랑이 선 위치에 공책을 놓고, 필기구를 잡는 것이 이상적인 자세이다. 필기구는 책상으로부터 60°로 기울여 쓰며 특히, 연필을 잡을 때는 연필심 끝부분으로부터 위로 3cm 정도인 부분을 쥐는데, 엄지와 검지는 V자 형태로 마주 잡고 중지는 필기구 아래쪽을 가볍게 받쳐 든다.

한자를 쓸 때는 위에서 아래로, 좌에서 우로 획순을 따라 쓰면서 글자의 크기와 간격을 맞춰 수평과 수직을 유지하며 글자를 써 나간다. 몸과 마음을 글자에 집중하고 또박또박 쓰는 것이 한자 공부에 가장 좋은 방법이다.

▲ 필기구 잡는 바른 자세

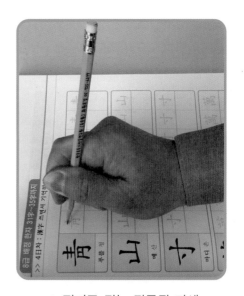

▲ 필기구 잡는 잘못된 자세

한자 부수의 위치와 명칭

부수는 자전(字典) 찾기의 기준이 되며, 글자의 뜻에 영향을 준다. 부수는 모두 214자가 있으며, 한자의 부수가 글자 중의 어느 부분에 있는가에 따라 다음과 같이 분류한다. 부수 글자 중에는 독립된 한 자가 그대로 부수인 글자도 있다.

명칭	부수 위치		보기	
변	氵	왼쪽에 위치	江	훈음 : 강 강 부수 : 氵(삼수변) 원부수 : 水(물 수)
방	刂	오른쪽에 위치	利	훈음 : 이할 리 부수 : 刂(선칼도방) 원부수 : 刀(칼 도)
머리	宀	위쪽에 위치	安	훈음 : 편안 안 부수 : 宀(갓머리) 부수 훈음 : 집 면
발	灬	아래에 위치	無	훈음 : 없을 무 부수 : 灬(연화발) 원부수 : 火(불 화)
엄호 [=엄]	广	위(머리) + 왼쪽(변)	庭	훈음 : 뜰 정 부수 : 广(집 엄)
받침	辶	왼쪽(변) + 아래(발)	道	훈음 : 길 도 부수 : 辶(책받침) 원부수 : 辵(쉬엄쉬엄갈 착)
몸	囗	바깥 둘레를 에워쌈	國	훈음 : 나라 국 부수 : 囗(큰입구몸) 나라 국/에울 위
	行	왼쪽(변) + 오른쪽(방)	街	훈음 : 거리 가 부수 : 行(다닐 행)
	門	위 + 왼쪽 + 오른쪽	間	훈음 : 사이 간 부수 : 門(문 문)
	匸	위쪽 + 왼쪽 + 아래	區	훈음 : 지경 구/구분할 구 부수 : 匸(감출 혜)
제부수		전체 부분이 부수로 쓰이는 글자	力, 大, 田, 禾	

한자 필순(筆順)의 기본 원칙

한자에서 점 또는 선을 한 획이라고 한다. 한 글자를 쓸 때 모두 몇 획으로 짜여 있는지 나타내는 숫자가 획수이다.

1 위에서 아래로 쓴다.

| 예 言 (말씀 언) | ` 亠 亠 言 言 言 言 |
| 工 (장인 공) | 一 丁 工 |

2 왼쪽에서 오른쪽으로 쓴다.

| 예 外 (바깥 외) | ノ ク 夕 列 外 |
| 休 (쉴 휴) | ノ イ 亻 什 休 休 |

3 가로획과 세로획이 만날 때는 가로획을 먼저 쓴다.

| 예 土 (흙 토) | 一 十 土 |
| 春 (봄 춘) | 一 二 三 声 夫 未 春 春 春 |

4 몸을 안보다 먼저 쓴다.

| 예 同 (한가지 동) | 丨 冂 冂 同 同 同 |
| 田 (밭 전) | 丨 冂 曰 用 田 |

5 바깥부분을 먼저 쓴다.

| 예 火 (불 화) | 丶 丷 少 火 |
| 性 (성품 성) | 丶 丶 忄 忄 忄 忙 性 性 |

6 좌우가 대칭될 때 가운데를 먼저 쓴 다음에 좌우 순으로 쓴다.

| 예 水 (물 수) | 亅 기 水 水 |
| 小 (작을 소) | 亅 小 小 |

한자 필순(筆順)의 기본 원칙

한 글자가 형성되어 가는 순서를 필순이라고 한다. 바른 필순에 따라 쓸 때 글자는 균형 잡히고 아름다운 글자 모양이 된다.

7 삐침 별(ノ)과 파임 불(乀)이 만날 때는 삐침을 먼저 쓴다.

예 父 (아비 부)	ノ ハ グ 父
文 (글월 문)	丶 亠 ナ 文

8 가운데를 꿰뚫는 획은 나중에 긋는다.

예 中 (가운데 중)	丨 口 口 中
平 (평평할 평)	一 一 一 二 平

9 가로획보다 삐침을 짧게 써야 모양이 나는 것은 삐침을 먼저 쓴다.

예 右 (오른 우)	ノ ナ 才 右 右
有 (있을 유)	ノ ナ 才 冇 有 有

10 삐침을 가로획보다 길게 써야 모양이 나는 것은 가로획을 먼저 쓴다.

예 左 (왼 좌)	一 ナ 十 七 左
友 (벗 우)	一 ナ 方 友

11 허리를 긋는 획은 나중에 긋는다.

예 女 (계집 녀)	乚 夕 女
母 (어미 모)	乚 丹 丹 母 母

12 오른쪽 위의 점 주(丶)는 맨 나중에 찍는다.

예 成 (이룰 성)	ノ 厂 厂 瓦 成 成 成
犬 (개 견)	一 ナ 大 犬

한자가 만들어지는 육서(六書)의 원리

한자는 모양, 소리, 뜻 세가지 요소로 만들어졌다. 한자가 만들어지는 원리, 원칙을 육서 (六書)라고 하며, 한자를 이해하는 데 있어 기본이 되므로 꼭 알아야 한다.

> 예
>
> 모양 … 一(한 일) / 뜻(訓 : 훈) … 한(하나) / 소리(音 : 음) … 일

1 상형문자(象形文字)

자연이나 물체의 모양을 본떠서 만든 글자이다.

> 예
>
> 𣎴 人(사람 인)　　△ 山(뫼 산)　　門 門(문 문)
>
> 川 川(내 천)　　☀ 日(날 일)　　◇ 田(밭 전)

2 지사문자(指事文字)

생각이나 뜻 등 추상적인 개념을 선이나 점으로 나타낸 글자이다.

> 예
>
> 中(가운데 중)　工(장인 공)　下(아래 하)　本(근본 본)

3 회의문자(會意文字)

위의 상형문자나 지사문자 등 이미 만들어진 두 글자 이상을 합하여 만든 글자이다.

> 예
>
> 日(날 일) ＋ 月(달 월) ＝ 明(밝을 명)
>
> 女(여자 녀) ＋ 子(아들 자) ＝ 好(좋을 호)
>
> 木(나무 목) ＋ 木(나무 목) ＝ 林(수풀 림)

한자가 만들어지는 육서(六書)의 원리

한자는 원칙에 의하여 만들어졌으며, 기본적으로 육서(六書)는 반드시 익혀 두어야 한다.

④ 형성문자(形聲文字)

뜻을 나타내는 부분과 음(音)을 나타내는 부분으로 결합하여 만들어진 글자이다.

예

木(나무 목) + 寸(마디 촌) = 村(마을 촌)
言(말씀 언) + 己(몸 기) = 記(기록할 기)

⑤ 가차문자(假借文字)

글자의 뜻에 상관없이 음만 빌려서 쓰는 문자이다.

예

Asia → 아세아(亞細亞)   India → 인도(印度)
France → 프랑스(佛蘭西/불란서)

⑥ 전주문자(轉注文字)

하나의 글자가 쓰임에 따라 훈과 음이 다르게 쓰이는 문자이다.

예

樂　① 즐길 락　→　娛樂(오락) : 재미있게 노는 등 기분을 즐겁게 하는 일.
　　② 노래 악　→　音樂(음악) : 소리를 통한 예술.
　　③ 좋아할 요　→　樂山樂水(요산요수) : 산수 경치를 좋아함.

更　① 고칠 경　→　更新(경신) : 옛것을 고쳐 새롭게 함.
　　② 다시 갱　→　更生(갱생) : 다시 살아남.

降　① 내릴 강　→　降雨(강우) : 비가 내림.
　　② 항복할 항　→　降伏(항복) : 힘에 눌려서 적에게 굴복함.

한자를 잘 쓰려면 한자 도형의 형태를 잘 이해하고 구도에 맞게 글씨를 쓴다. 글자선의 길이와 각도를 생각하고 가로획(一)과 세로획(丨), 삐침(丿)과 파임(乀)을 부드럽게 그으면 보다 균형 잡힌 바른 글씨체로 변한다.

한자 획의 길이와 대칭간격의 구도선을 보면 다음의 도형 기호들이 있다. 크고 작은 동그라미 도형은 획간 공백의 크기와 여백을 쉽게 구분할 수 있도록 표시한 것이고, 곡선으로 된 도형 기호는 획의 길이가 같음을 쉽게 알 수 있도록 표시한 것이다.

한자를 균형 있게 쓰기 위해서는 획순에 맞게 쓰면서, 글자 안에 획의 길이와 여백의 분배를 고려하여 쓰면 한자를 올바르게 쓸 수 있다. 한자를 쓰기 전에 꼭 획 선긋기 연습을 하고, 기초가 되는 부수한자를 쓰면서 연습하다보면 획수가 많은 한자도 바르고 균형 있게 한자를 쓸 수 있다.

삼각형	역삼각형	사각형	사다리꼴
마름모꼴	오각 다각형	오각형	육각형
가로 직사각형	상하 직사각형	위는 작고 아래는 큰 사각형	세로 직사각형
왼쪽은 작고 오른쪽은 큰 사각형	왼쪽은 크고 오른쪽은 작은 사각형	세 개의 세로 직사각형	받침 위에 세로 직사각형

한자의 공백선과 간격 짜임의 이해

* 한자는 보통 간단한 도형 모양으로 짜여졌는데 그 모양에 맞춰 잘 써야한다.

삼각형	역삼각형	정사각형	세로 직사각형	가로 직사각형	마름모꼴
△	▽	□	□	□	◇
土	市	國	目	四	合

사다리꼴	역사다리꼴	원형	두 개로 짜임	두 개로 짜임	세 개로 짜임
		○			
東	言	兵	明	和	湖

* 한자 쓰기의 일반적인 순서는 다음과 같다.

위에서 아래로	三 王 六 言	가로획 먼저	土 大 十 屋
왼쪽 먼저	川 林 江 親	가운데 먼저	小 水 上 光
바깥 부분 먼저	火 用 米 問	꿰뚫는 획은 나중에	中 巾 女 母
가로획과 삐침	大 友 右 有	삐침의 순서	九 皮 力 方

한자 획의 길이와 대칭 간격의 구도선

＊ 한자 글자선의 길이와 간격을 표시한 각 글자꼴 원형 분석표 ＊

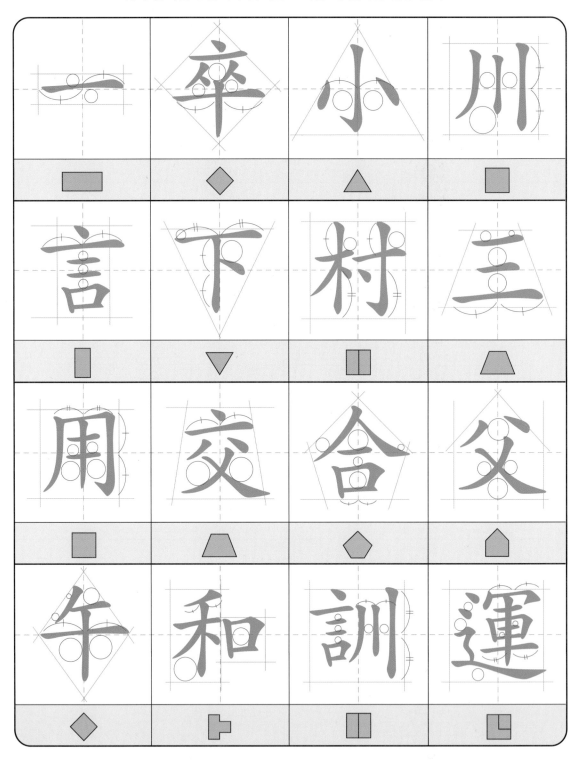

한자 획의 길이와 대칭 간격의 구도선

* 한자 글자선의 길이와 간격을 표시한 각 글자꼴 원형 분석표 *

삼각형	사람 인	흙 토	설 립
역삼각형	마칠 료	아래 하	가운데 중
사각형	한가지 동	사이 간	나라 국
사다리꼴	장인 공	임금 왕	다섯 오

도형에 따른 한자의 형태 [2]

◆	今	幸	命
마름모꼴	이제 금	다행 행	목숨 명
⬠	山	南	老
오각 다각형	메 산	남녘 남	늙을 로
⬠	女	金	靑
오각형	여자 녀	쇠 금	푸를 청
⬡	界	答	登
육각형	지경 계	대답 답	오를 등

가로 직사각형	한 일	덮을 멱	집 면
상하 직사각형	모을 집	눈 설	즐길 락/노래 악/좋아할 요
위는 작고 아래는 큰 사각형	고을 읍	실과 과	높을 고
세로 직사각형	날 일	눈 목	달 월

도형에 따른 한자의 형태 [4]

왼쪽은 작고 오른쪽은 큰 사각형	時	行	校
	때 시	다닐 행	학교 교
왼쪽은 크고 오른쪽은 작은 사각형	外	別	數
	바깥 외	나눌 별	셈 수
세 개의 세로 직사각형	班	術	樹
	나눌 반	재주 술	나무 수
받침 위에 세로 직사각형	近	速	道
	가까울 근	빠를 속	길 도

부수로 연상하는 한자 길라잡이

초등한자 따라 쓰기 1000字

2장

초등학생을 위한
기본 선 긋기

• 한자 교정을 위한 기초 획 덧긋기 연습
• 기본 한자 부수 214字
• 한자 부수 획순 따라 덧쓰기 연습

ノ(별) : 획순 따라 연필로 덧긋기

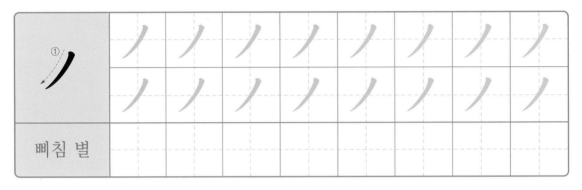

삐침 별

彡(삼) : 획순 따라 연필로 덧긋기

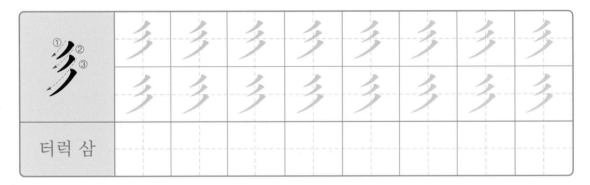

터럭 삼

手(수) : 획순 따라 연필로 덧긋기

손 수

한자 교정을 위한 기초 획 덧긋기 연습 2

* 아래 점선을 보고 획순에 따라 연필로 바르게 덧그어 보세요.

ㄟ (불) : 획순 따라 연필로 덧긋기

ㄟ ①

파임 불

夂 (치) : 획순 따라 연필로 덧긋기

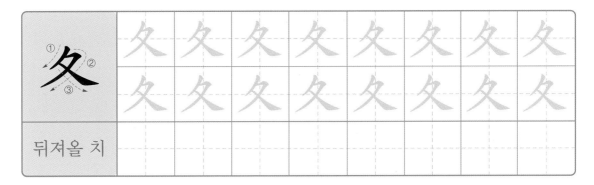

夂 ① ② ③

뒤져올 치

文 (문) : 획순 따라 연필로 덧긋기

文 ① ② ④ ③

글월 문

八(팔) : 획순 따라 연필로 덧긋기

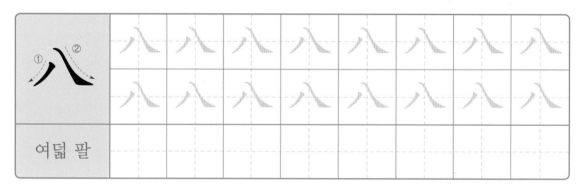

入(입) : 획순 따라 연필로 덧긋기

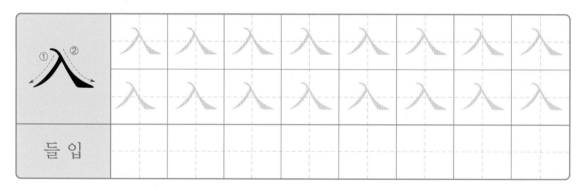

人(인) : 획순 따라 연필로 덧긋기

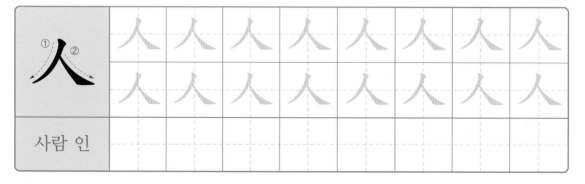

亅 (궐) : 획순 따라 연필로 덧긋기

亅 ①								
갈고리 궐								

小(소) : 획순 따라 연필로 덧긋기

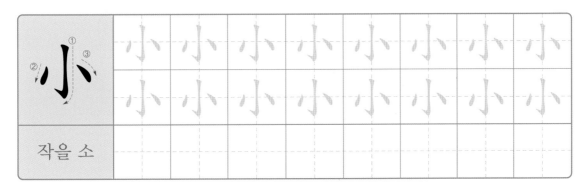

小	小	小	小	小	小	小	小	小
	小	小	小	小	小	小	小	小
작을 소								

寸(촌) : 획순 따라 연필로 덧긋기

寸	寸	寸	寸	寸	寸	寸	寸	寸
	寸	寸	寸	寸	寸	寸	寸	
마디 촌								

父(부) : 획순 따라 연필로 덧긋기

父	父	父	父	父	父	父	父	父
	父	父	父	父	父	父	父	父
아비 부								

爻(효) : 획순 따라 연필로 덧긋기

爻	爻	爻	爻	爻	爻	爻	爻	爻
	爻	爻	爻	爻	爻	爻	爻	爻
점괘/사귈 효								

火(화) : 획순 따라 연필로 덧긋기

火	火	火	火	火	火	火	火	火
	火	火	火	火	火	火	火	火
불 화								

한자 교정을 위한 기초 획 덧긋기 연습 6

* 아래 점선을 보고 획순에 따라 연필로 바르게 덧그어 보세요.

厶(사) : 획순 따라 연필로 덧긋기

厶	厶	厶	厶	厶	厶	厶	厶	厶
	厶	厶	厶	厶	厶	厶	厶	厶
사사 사								

幺 (요) : 획순 따라 연필로 덧긋기

幺	幺	幺	幺	幺	幺	幺	幺	幺
	幺	幺	幺	幺	幺	幺	幺	幺
작을 요								

玄 (현) : 획순 따라 연필로 덧긋기

玄	玄	玄	玄	玄	玄	玄	玄	玄
	玄	玄	玄	玄	玄	玄	玄	玄
검을 현								

亻(인) : 획순 따라 연필로 덧긋기

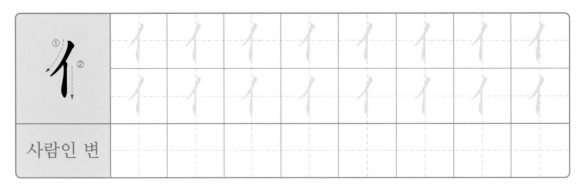

사람인 변

彳(척) : 획순 따라 연필로 덧긋기

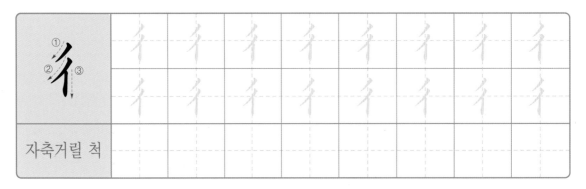

자축거릴 척

行(행) : 획순 따라 연필로 덧긋기

다닐 행

刀(도) : 획순 따라 연필로 덧긋기

①②刀	刀	刀	刀	刀	刀	刀	刀	刀
	刀	刀	刀	刀	刀	刀	刀	刀
칼 도								

勹(포) : 획순 따라 연필로 덧긋기

①②勹	勹	勹	勹	勹	勹	勹	勹	勹
	勹	勹	勹	勹	勹	勹	勹	勹
쌀 포								

力(력) : 획순 따라 연필로 덧긋기

②①力	力	力	力	力	力	力	力	力
	力	力	力	力	力	力	力	力
힘 력								

丶 (주) : 획순 따라 연필로 덧긋기

①									
점 주									

冫 (빙) : 획순 따라 연필로 덧긋기

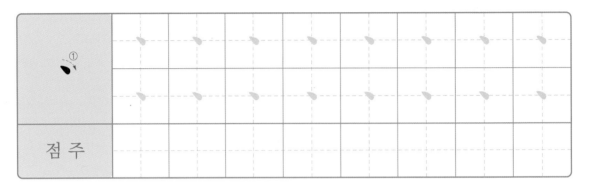

① ②									
얼음 빙									

氵 (수) : 획순 따라 연필로 덧긋기

① ② ③									
삼수변									

一(일) : 획순 따라 연필로 덧긋기

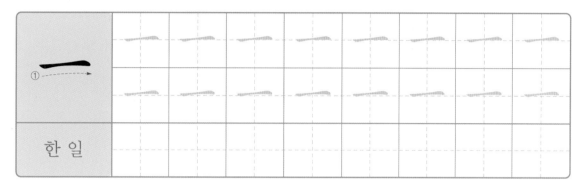

大(대) : 획순 따라 연필로 덧긋기

太(태) : 획순 따라 연필로 덧긋기

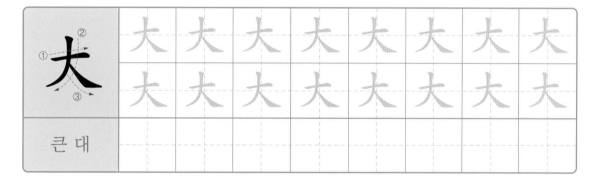

| (곤) : 획순 따라 연필로 덧긋기

ㅏ (복) : 획순 따라 연필로 덧긋기

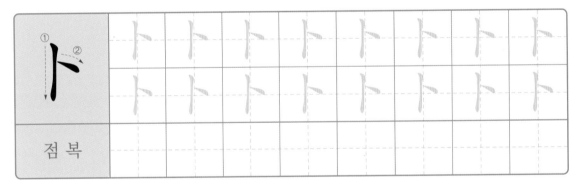

工(공) : 획순 따라 연필로 덧긋기

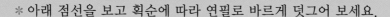

木(목) : 획순 따라 연필로 덧긋기

木	木	木	木	木	木	木	木	木
	木	木	木	木	木	木	木	木
나무 목								

水(수) : 획순 따라 연필로 덧긋기

水	水	水	水	水	水	水	水	水
	水	水	水	水	水	水	水	水
물 수								

氷(빙) : 획순 따라 연필로 덧긋기

氷	氷	氷	氷	氷	氷	氷	氷	氷
	氷	氷	氷	氷	氷	氷	氷	氷
얼음 빙								

十(십) : 획순 따라 연필로 덧긋기

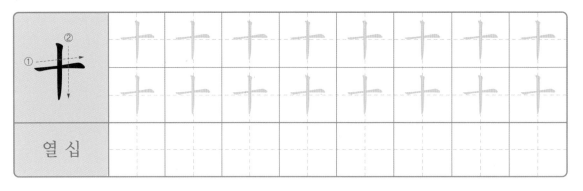

열 십

士(사) : 획순 따라 연필로 덧긋기

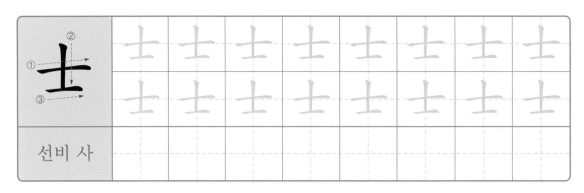

선비 사

干(간) : 획순 따라 연필로 덧긋기

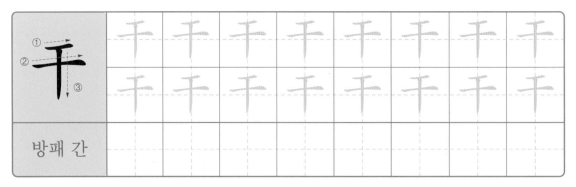

방패 간

＊아래 점선을 보고 획순에 따라 연필로 바르게 덧그어 보세요.

厂 (한) : 획순 따라 연필로 덧긋기

厂	厂	厂	厂	厂	厂	厂	厂	厂
	厂	厂	厂	厂	厂	厂	厂	厂
언덕 한								

冂 (경) : 획순 따라 연필로 덧긋기

冂	冂	冂	冂	冂	冂	冂	冂	冂
	冂	冂	冂	冂	冂	冂	冂	冂
멀 경								

口 (구) : 획순 따라 연필로 덧긋기

口	口	口	口	口	口	口	口	口
	口	口	口	口	口	口	口	口
입 구								

日 (일) : 획순 따라 연필로 덧긋기

日	日	日	日	日	日	日	日	日
	日	日	日	日	日	日	日	日
날 일								

目 (목) : 획순 따라 연필로 덧긋기

目	目	目	目	目	目	目	目	目
	目	目	目	目	目	目	目	目
눈 목								

月 (월) : 획순 따라 연필로 덧긋기

月	月	月	月	月	月	月	月	月
	月	月	月	月	月	月	月	月
달 월								

⌐(멱) : 획순 따라 연필로 덧긋기

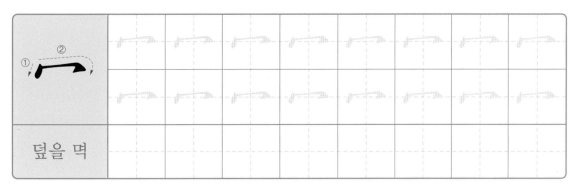

덮을 멱

⌐(면) : 획순 따라 연필로 덧긋기

집 면

广(엄) : 획순 따라 연필로 덧긋기

집 엄

기본 한자 부수 214字

• 한자 부수의 획수와 명칭을 바르게 기억하세요.

부수	명칭	부수	명칭	부수	명칭	부수	명칭
1 획		厶	사사 사	弋	주살 익	气	기운 기
一	한 일	又	또 우	弓	활 궁	水(氵)	물 수(삼수 변)
丨	뚫을 곤	3 획		彐(彑)	돼지머리 계	火(灬)	불 화(연화 발)
丶	점 주	口	입 구	彡	터럭 삼	爪(爫)	손톱 조
丿	삐칠 별	囗	나라 국(에울 위)	彳	자축거릴 척	父	아비 부
乙	새 을	土	흙 토	4 획		爻	점괘 효
亅	갈고리 궐	士	선비 사	心(忄)	마음 심(심방변)	爿	나무조각 장
2 획		夂	뒤져올 치	戈	창 과	片	조각 편
二	두 이	夊	천천히 걸을 쇠	戶	지게문 호	牙	어금니 아
亠	머리부분 두	夕	저녁 석	手(扌)	손 수(재방변)	牛	소 우
人(亻)	사람 인	大	큰 대	支	지탱할 지	犬(犭)	개 견(개사슴록 변)
儿	어진 사람 인	女	계집 녀	攴(攵)	칠 복	5 획	
入	들 입	子	아들 자	文	글월 문	玄	검을 현
八	여덟 팔	宀	집 면	斗	말 두	玉(王)	구슬 옥
冂	멀 경	寸	마디 촌	斤	도끼 근	瓜	외 과
冖	덮을 멱	小	작을 소	方	모 방	瓦	기와 와
冫	얼음 빙	尢	절름발이 왕	无	없을 무	甘	달 감
几	안석 궤	尸	주검 시	日	날 일	生	날 생
凵	입벌릴 감	屮	싹날 철(왼손 좌)	曰	가로 왈	用	쓸 용
刀(刂)	칼 도	山	메 산	月	달 월	田	밭 전
力	힘 력	巛(川)	내 천	木	나무 목	疋	필 필(발 소)
勹	쌀 포	工	장인 공	欠	하품 흠	疒	병들어기댈 녁
匕	비수 비	己	몸 기	止	그칠 지	癶	걸을 발
匚	상자 방	巾	수건 건	歹	살발린뼈 알	白	흰 백
匸	감출 혜	干	방패 간	殳	창 수	皮	가죽 피
十	열 십	幺	작을 요	毋	말 무	皿	그릇 명
卜	점 복	广	집 엄	比	견줄 비	目	눈 목
卩(㔾)	병부 절	廴	끌 인	毛	털 모	矛	창 모
厂	언덕 한	廾	받들 공	氏	각시 씨(성 씨)	矢	화살 시

기본 한자 부수 214字

• 한자 부수의 획수와 명칭을 바르게 기억하세요.

부수	명칭	부수	명칭	부수	명칭	부수	명칭
5 획		色	빛 색	8 획		鬲	오지병 격
石	돌 석	艸(艹)	풀 초(초 두 머리)	金	쇠 금	鬼	귀신 귀
示(礻)	보일 시	虍	범 호	長	긴 장	11 획	
内	발자국 유	虫	벌레 충(훼)	門	문 문	魚	물고기 어
禾	벼 화	血	피 혈	阜(阝)	언덕 부(좌부 변)	鳥	새 조
穴	구멍 혈	行	다닐 행	隶	미칠 이	鹵	소금밭 로
立	설 립	衣(礻)	옷 의	隹	새 추	鹿	사슴 록
6 획		襾	덮을 아	雨	비 우	麥	보리 맥
竹	대 죽	7 획		靑	푸를 청	麻	삼 마
米	쌀 미	見	볼 견	非	아닐 비	12 획	
糸	실 사	角	뿔 각	9 획		黃	누를 황
缶	장군 부	言	말씀 언	面	얼굴 면	黍	기장 서
网(罒)	그물 망	谷	골 곡	革	가죽 혁	黑	검을 흑
羊(羊)	양 양(양 머리)	豆	콩 두	韋	다룬가죽 위	黹	바느질할 치
羽	깃 우	豕	돼지 시	韭	부추 구	13 획	
老(耂)	늙을 로(늙을 로 엄)	豸	해태 태(벌레 치)	音	소리 음	黽	맹꽁이 맹
而	말이을 이	貝	조개 패	頁	머리 혈	鼎	솥 정
耒	쟁기 뢰	赤	붉을 적	風	바람 풍	鼓	북 고
耳	귀 이	走	달릴 주	飛	날 비	鼠	쥐 서
聿	붓 률	足	발 족	食	밥 식	14 획	
肉(月)	고기 육(육달 월)	身	몸 신	首	머리 수	鼻	코 비
臣	신하 신	車	수레 차(거)	香	향기 향	齊	가지런할 제
自	스스로 자	辛	매울 신	10 획		15 획	
至	이를 지	辰	별 진(날 신)	馬	말 마	齒	이 치
臼	절구 구	辵(辶)	쉬엄쉬엄갈 착	骨	뼈 골	16 획	
舌	혀 설	邑(阝)	고을 읍(우부 방)	高	높을 고	龍	용 룡
舛	어그러질 천	酉	닭 유	髟	긴털드리울 표	龜	거북 구(귀),(균)
舟	배 주	釆	분별할 변	鬥	싸움 투(두)	17 획	
艮	그칠 간	里	마을 리	鬯	울창주 창	龠	피리 약

* 아래 부수 한자를 획순에 맞추어 천천히 예쁘게 써 보세요.

1	一 한 일	1획순 : 一	뜻 : 하나, 땅, 하늘
2	丨 뚫을 곤	1획순 : 丨	뜻 : 뚫다, 막대기
3	丶 점 주	1획순 : 丶	뜻 : 불똥, 강조
4	丿 삐칠 별	1획순 : 丿	뜻 : 삐치다
5	乙 새 을	1획순 : 乙	뜻 : 굽다, 새
6	亅 갈고리 궐	1획순 : 亅	뜻 : 갈고리
7	二 두 이	2획순 : 一 二	뜻 : 둘, 거듭
8	亠 머리부분 두	2획순 : 丶 一	뜻 : 위, 머리부분
9	人 사람 인	2획순 : 丿 人	뜻 : 사람

＊아래 부수 한자를 획순에 맞추어 천천히 예쁘게 써 보세요.

10	儿							
어진사람 인	2획순 : ノ 儿						뜻 : 걷는 사람	

11	入							
들 입	2획순 : ノ 入						뜻 : 들어가다	

12	八							
여덟 팔	2획순 : ノ 八						뜻 : 여덟	

13	冂							
멀 경	2획순 : 丨 冂						뜻 : 멀다	

14	冖							
덮을 멱	2획순 : 丶 冖						뜻 : 덮다	

15	冫							
얼음 빙	2획순 : 丶 冫						뜻 : 차갑다	

16	几							
안석 궤	2획순 : ノ 几						뜻 : 책상	

17	凵							
입벌릴 감	2획순 : ㄴ 凵						뜻 : 위가 벌어짐	

18	刀							
칼 도	2획순 : ㄱ 刀						뜻 : 칼, 무기	

＊아래 부수 한자를 획순에 맞추어 천천히 예쁘게 써 보세요.

19	力		力	力	力	力	力	力
	힘 력	2획순 : ㄱ 力						뜻 : 힘들이다

20	勹		勹	勹	勹	勹	勹	勹
	쌀 포	2획순 : ノ 勹						뜻 : 싸다

21	匕		匕	匕	匕	匕	匕	匕
	비수 비	2획순 : ノ 匕						뜻 : 날카롭다

22	匚		匚	匚	匚	匚	匚	匚
	상자 방	2획순 : 一 匚						뜻 : 상자

23	匸		匸	匸	匸	匸	匸	匸
	감출 혜	2획순 : 一 匸						뜻 : 감추다

24	十		十	十	十	十	十	十
	열 십	2획순 : 一 十						뜻 : 열, 많다

25	卜		卜	卜	卜	卜	卜	卜
	점 복	2획순 : l 卜						뜻 : 점치다

26	卩		卩	卩	卩	卩	卩	卩
	병부 절	2획순 : l 卩						뜻 : 벼슬

27	厂		厂	厂	厂	厂	厂	厂
	언덕 한	2획순 : 一 厂						뜻 : 굴바위, 언덕

* 아래 부수 한자를 획순에 맞추어 천천히 예쁘게 써 보세요.

28	厶 사사 사		2획순 : ㄥ 厶	뜻 : 사사롭다

29	又 또 우		2획순 : ㄱ 又	뜻 : 또, 다시

30	口 입 구		3획순 : ㅣ 冂 口	뜻 : 사람, 입

31	囗 나라 국		3획순 : ㅣ 冂 囗	뜻 : 에워싸다

32	土 흙 토		3획순 : 一 十 土	뜻 : 흙, 땅

33	士 선비 사		3획순 : 一 十 士	뜻 : 선비

34	夂 뒤져올 치		3획순 : ノ ク 夂	뜻 : 뒤따라오다

35	夊 천천히걸을 쇠		3획순 : ノ ク 夊	뜻 : 편안히 걷다

36	夕 저녁 석		3획순 : ノ ク 夕	뜻 : 저녁

＊아래 부수 한자를 획순에 맞추어 천천히 예쁘게 써 보세요.

| 37 | 大 큰 대 | | 大 | 大 | 大 | 大 | 大 | 大 |
| | | 3획순 : 一 ナ 大 | | | | | 뜻 : 크다 | |

| 38 | 女 계집 녀 | | 女 | 女 | 女 | 女 | 女 | 女 |
| | | 3획순 : く 夕 女 | | | | | 뜻 : 여자, 딸 | |

| 39 | 子 아들 자 | | 子 | 子 | 子 | 子 | 子 | 子 |
| | | 3획순 : フ 了 子 | | | | | 뜻 : 자식, 아들 | |

| 40 | 宀 집 면 | | 宀 | 宀 | 宀 | 宀 | 宀 | 宀 |
| | | 3획순 : 丶 丶 宀 | | | | | 뜻 : 집, 지붕 | |

| 41 | 寸 마디 촌 | | 寸 | 寸 | 寸 | 寸 | 寸 | 寸 |
| | | 3획순 : 一 寸 寸 | | | | | 뜻 : 손가락 마디 | |

| 42 | 小 작을 소 | | 小 | 小 | 小 | 小 | 小 | 小 |
| | | 3획순 : 亅 小 小 | | | | | 뜻 : 작다 | |

| 43 | 尢 절름발이 왕 | | 尢 | 尢 | 尢 | 尢 | 尢 | 尢 |
| | | 3획순 : 一 ナ 尢 | | | | | 뜻 : 절름발이 | |

| 44 | 尸 주검 시 | | 尸 | 尸 | 尸 | 尸 | 尸 | 尸 |
| | | 3획순 : フ コ 尸 | | | | | 뜻 : 주검, 사람 | |

| 45 | 屮 싹날 철 | | 屮 | 屮 | 屮 | 屮 | 屮 | 屮 |
| | | 3획순 : ㄴ 니 屮 | | | | | 뜻 : 왼손, 싹나다 | |

＊아래 부수 한자를 획순에 맞추어 천천히 예쁘게 써 보세요.

46	山 메 산	3획순 : ㅣ 凵 山	山 山 山 山 山 山	뜻 : 산, 지형
47	巛 내 천	3획순 : く 巛 巛	巛 巛 巛 巛 巛 巛	뜻 : 냇물, 개천
48	工 장인 공	3획순 : 一 丁 工	工 工 工 工 工 工	뜻 : 만들다
49	己 몸 기	3획순 : 𠃌 彐 己	己 己 己 己 己 己	뜻 : 몸, 자기
50	巾 수건 건	3획순 : ㅣ 冂 巾	巾 巾 巾 巾 巾 巾	뜻 : 수건, 천
51	干 방패 간	3획순 : 一 二 干	干 干 干 干 干 干	뜻 : 막다, 방패
52	幺 작을 요	3획순 : 𠃋 纟 幺	幺 幺 幺 幺 幺 幺	뜻 : 작다
53	广 집 엄	3획순 : 丶 一 广	广 广 广 广 广 广	뜻 : 집, 장소
54	廴 끌 인	3획순 : 𠃌 𠃌 廴	廴 廴 廴 廴 廴 廴	뜻 : 당기다

＊아래 부수 한자를 획순에 맞추어 천천히 예쁘게 써 보세요.

| 55 | 廾 | | | 廾 | 廾 | 廾 | 廾 | 廾 | 廾 |
| | 받들 공 | 3획순 : 一 ナ 廾 | | | | | 뜻 : 들다 | | |

| 56 | 弋 | | | 弋 | 弋 | 弋 | 弋 | 弋 | 弋 |
| | 주살 익 | 3획순 : 一 弋 弋 | | | | | 뜻 : 화살 | | |

| 57 | 弓 | | | 弓 | 弓 | 弓 | 弓 | 弓 | 弓 |
| | 활 궁 | 3획순 : ﹁ ﹁ 弓 | | | | | 뜻 : 활, 굽다 | | |

| 58 | ヨ | | | ヨ | ヨ | ヨ | ヨ | ヨ | ヨ |
| | 돼지머리 계 | 3획순 : ﹁ ﹁ ヨ | | | | | 뜻 : 돼지머리 | | |

| 59 | 彡 | | | 彡 | 彡 | 彡 | 彡 | 彡 | 彡 |
| | 터럭 삼 | 3획순 : ノ ′ 彡 | | | | | 뜻 : 털 모양 | | |

| 60 | 彳 | | | 彳 | 彳 | 彳 | 彳 | 彳 | 彳 |
| | 자축거릴 척 | 3획순 : ノ ′ 彳 | | | | | 뜻 : 행하다 | | |

| 61 | 心 | | | 心 | 心 | 心 | 心 | 心 | 心 |
| | 마음 심 | 4획순 : ′ 心 心 心 | | | | | 뜻 : 중심, 심장 | | |

| 62 | 戈 | | | 戈 | 戈 | 戈 | 戈 | 戈 | 戈 |
| | 창 과 | 4획순 : 一 弋 戈 戈 | | | | | 뜻 : 창, 무기 | | |

| 63 | 戶 | | | 戶 | 戶 | 戶 | 戶 | 戶 | 戶 |
| | 지게문 호 | 4획순 : ′ 丶 彐 戶 | | | | | 뜻 : 출입문 | | |

＊아래 부수 한자를 획순에 맞추어 천천히 예쁘게 써 보세요.

| 64 | 手 | | | 手 | 手 | 手 | 手 | 手 | 手 |
| 손 수 | 4획순 : 一 二 三 手 | | | | | | 뜻 : 손, 솜씨, 수단 |

| 65 | 支 | | | 支 | 支 | 支 | 支 | 支 | 支 |
| 지탱할 지 | 4획순 : 一 十 支 支 | | | | | | 뜻 : 지탱하다 |

| 66 | 攴 | | | 攴 | 攴 | 攴 | 攴 | 攴 | 攴 |
| 칠 복 | 4획순 : 丨 卜 攴 攴 | | | | | | 뜻 : 두드리다 |

| 67 | 文 | | | 文 | 文 | 文 | 文 | 文 | 文 |
| 글월 문 | 4획순 : 丶 一 ナ 文 | | | | | | 뜻 : 문서, 무늬 |

| 68 | 斗 | | | 斗 | 斗 | 斗 | 斗 | 斗 | 斗 |
| 말 두 | 4획순 : 丶 丶 二 斗 | | | | | | 뜻 : 말(용량) |

| 69 | 斤 | | | 斤 | 斤 | 斤 | 斤 | 斤 | 斤 |
| 도끼 근 | 4획순 : 厂 厂 斤 斤 | | | | | | 뜻 : 도끼, 무게 |

| 70 | 方 | | | 方 | 方 | 方 | 方 | 方 | 方 |
| 모 방 | 4획순 : 丶 一 方 方 | | | | | | 뜻 : 방향, 곳 |

| 71 | 无 | | | 无 | 无 | 无 | 无 | 无 | 无 |
| 없을 무 | 4획순 : 一 二 于 无 | | | | | | 뜻 : 없음 |

| 72 | 日 | | | 日 | 日 | 日 | 日 | 日 | 日 |
| 날 일 | 4획순 : 丨 冂 日 日 | | | | | | 뜻 : 해, 시간 |

＊아래 부수 한자를 획순에 맞추어 천천히 예쁘게 써 보세요.

| 73 | 日 | | 日 | 日 | 日 | 日 | 日 | 日 |
| | 가로 왈 | 4획순 : 丨冂冃日 | | | | | 뜻 : 말하다 | |

| 74 | 月 | | 月 | 月 | 月 | 月 | 月 | 月 |
| | 달 월 | 4획순 : 丿刀月月 | | | | | 뜻 : 세월, 달 | |

| 75 | 木 | | 木 | 木 | 木 | 木 | 木 | 木 |
| | 나무 목 | 4획순 : 一十才木 | | | | | 뜻 : 나무 | |

| 76 | 欠 | | 欠 | 欠 | 欠 | 欠 | 欠 | 欠 |
| | 하품 흠 | 4획순 : 丿勹勹欠 | | | | | 뜻 : 입벌리다 | |

| 77 | 止 | | 止 | 止 | 止 | 止 | 止 | 止 |
| | 그칠 지 | 4획순 : 丨卜止止 | | | | | 뜻 : 그치다 | |

| 78 | 歹 | | 歹 | 歹 | 歹 | 歹 | 歹 | 歹 |
| | 뼈 앙상할 알 | 4획순 : 一 歹歹歹 | | | | | 뜻 : 뼈, 시체 | |

| 79 | 殳 | | 殳 | 殳 | 殳 | 殳 | 殳 | 殳 |
| | 창 수 | 4획순 : 丿几几殳 | | | | | 뜻 : 창, 치다 | |

| 80 | 毋 | | 毋 | 毋 | 毋 | 毋 | 毋 | 毋 |
| | 말 무 | 4획순 : 乚母母毋 | | | | | 뜻 : 말라, 없다 | |

| 81 | 比 | | 比 | 比 | 比 | 比 | 比 | 比 |
| | 견줄 비 | 4획순 : 一 匕比比 | | | | | 뜻 : 비교하다 | |

한자 부수 획순 따라 덧쓰기 연습 [10]

* 아래 부수 한자를 획순에 맞추어 천천히 예쁘게 써 보세요.

82 **毛** 털 모

4획순 : ノ 二 三 毛 　 뜻 : 털

83 **氏** 성씨 씨

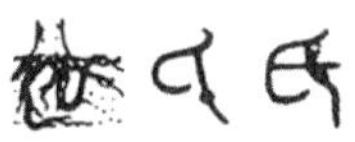

4획순 : ㇀ 匚 F 氏 　 뜻 : 성씨

84 **气** 기운 기

4획순 : ノ 𠂉 ⺈ 气 　 뜻 : 기운

85 **水** 물 수

4획순 : 亅 刁 水 水 　 뜻 : 물

86 **火** 불 화

4획순 : 丶 丷 少 火 　 뜻 : 불

87 **爪** 손톱 조

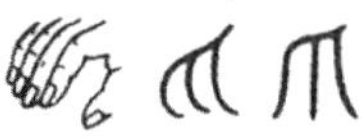

4획순 : ノ 厂 爪 爪 　 뜻 : 손톱

88 **父** 아비 부

4획순 : ノ 八 ク 父 　 뜻 : 아버지

89 **爻** 점괘 효

4획순 : ノ 㐅 ク 爻 　 뜻 : 점괘

90 **爿** 나무조각 장

4획순 : 丨 丩 丬 爿 　 뜻 : 조각

＊아래 부수 한자를 획순에 맞추어 천천히 예쁘게 써 보세요.

91	片			片	片	片	片	片	片
	조각 편	4획순 : ノ ノ´ ノ゛片						뜻 : 쪼개다	

92	牙			牙	牙	牙	牙	牙	牙
	어금니 아	4획순 : 一 二 牙 牙						뜻 : 어금니	

93	牛			牛	牛	牛	牛	牛	牛
	소 우	4획순 : ノ 二 二 牛						뜻 : 소	

94	犬			犬	犬	犬	犬	犬	犬
	개 견	4획순 : 一 ナ 大 犬						뜻 : 개	

95	玄			玄	玄	玄	玄	玄	玄
	검을 현	5획순 : ` 亠 亠 玄 玄						뜻 : 검다	

96	玉			玉	玉	玉	玉	玉	玉
	구슬 옥	5획순 : 一 二 干 王 玉						뜻 : 구슬, 임금	

97	瓜			瓜	瓜	瓜	瓜	瓜	瓜
	오이 과	5획순 : ´ 厂 爪 爪 瓜						뜻 : 참외, 수박	

98	瓦			瓦	瓦	瓦	瓦	瓦	瓦
	기와 와	5획순 : 一 丆 丆 瓦 瓦						뜻 : 기와, 벽돌	

99	甘			甘	甘	甘	甘	甘	甘
	달 감	5획순 : 一 十 廿 廿 甘						뜻 : 맛 좋다	

✻아래 부수 한자를 획순에 맞추어 천천히 예쁘게 써 보세요.

100	生 날 생		生 生 生 生 生 生
		5획순 : ノ ╯ ╰ 牛 生	뜻 : 낳다

101	用 쓸 용		用 用 用 用 用 用
		5획순 : ノ 刀 月 月 用	뜻 : 사용하다

102	田 밭 전		田 田 田 田 田 田
		5획순 : 丨 冂 曰 田 田	뜻 : 밭, 땅

103	疋 필 필(발 소)		疋 疋 疋 疋 疋 疋
		5획순 : 一 丁 下 疋 疋	뜻 : 필, 발

104	疒 병들어기댈 녁		疒 疒 疒 疒 疒 疒
		5획순 : 丶 一 广 疒 疒	뜻 : 병, 아프다

105	癶 걸을 발		癶 癶 癶 癶 癶 癶
		5획순 : ノ ㄱ ㄨ ㄕ 癶	뜻 : 일어나다

106	白 흰 백		白 白 白 白 白 白
		5획순 : ノ 丿 白 白 白	뜻 : 깨끗하다

107	皮 가죽 피		皮 皮 皮 皮 皮 皮
		5획순 : ノ 厂 广 皮 皮	뜻 : 가죽, 껍질

108	皿 그릇 명		皿 皿 皿 皿 皿 皿
		5획순 : 丨 冂 冊 皿 皿	뜻 : 그릇

＊아래 부수 한자를 획순에 맞추어 천천히 예쁘게 써 보세요.

| 109 | 目 눈 목 | | 目 | 目 | 目 | 目 | 目 | 目 |
| | | 5획순 : ㅣ 冂 冃 目 目 | | | | | 뜻 : 눈, 보다 |

| 110 | 矛 창 모 | | 矛 | 矛 | 矛 | 矛 | 矛 | 矛 |
| | | 5획순 : ㄱ ㄱ ㄲ 予 矛 | | | | | 뜻 : 창, 무기 |

| 111 | 矢 화살 시 | | 矢 | 矢 | 矢 | 矢 | 矢 | 矢 |
| | | 5획순 : ㇒ ㇒ ㇏ ㇑ 矢 | | | | | 뜻 : 화살 |

| 112 | 石 돌 석 | | 石 | 石 | 石 | 石 | 石 | 石 |
| | | 5획순 : ㄧ ㄱ ㄣ 石 石 | | | | | 뜻 : 돌 |

| 113 | 示 보일 시 | | 示 | 示 | 示 | 示 | 示 | 示 |
| | | 5획순 : ㇀ ㄧ 亍 亓 示 | | | | | 뜻 : 제사 |

| 114 | 内 발자국 유 | | 内 | 内 | 内 | 内 | 内 | 内 |
| | | 5획순 : ㅣ 冂 内 内 内 | | | | | 뜻 : 발자국 |

| 115 | 禾 벼 화 | | 禾 | 禾 | 禾 | 禾 | 禾 | 禾 |
| | | 5획순 : ㇀ ㄧ 千 禾 禾 | | | | | 뜻 : 벼 |

| 116 | 穴 구멍 혈 | | 穴 | 穴 | 穴 | 穴 | 穴 | 穴 |
| | | 5획순 : ㇔ ㇒ ㄱ 穴 穴 | | | | | 뜻 : 구멍 |

| 117 | 立 설 립 | | 立 | 立 | 立 | 立 | 立 | 立 |
| | | 5획순 : ㇔ ㄧ ㇗ 立 立 | | | | | 뜻 : 세우다 |

● 한자 부수 획순 따라 덧쓰기 연습 [14]

＊아래 부수 한자를 획순에 맞추어 천천히 예쁘게 써 보세요.

| 118 竹 대 죽 | | 竹 | 竹 | 竹 | 竹 | 竹 | 竹 |
| 6획순 : ノ 一 十 竹 竹 竹 | 뜻 : 대나무 |

| 119 米 쌀 미 | | 米 | 米 | 米 | 米 | 米 | 米 |
| 6획순 : 丶 丶 丷 二 半 米 米 | 뜻 : 쌀 |

| 120 糸 실 사 | | 糸 | 糸 | 糸 | 糸 | 糸 | 糸 |
| 6획순 : ノ 幺 幺 幺 糸 糸 | 뜻 : 실 |

| 121 缶 장군 부 | | 缶 | 缶 | 缶 | 缶 | 缶 | 缶 |
| 6획순 : ノ 一 二 午 缶 缶 | 뜻 : 질그릇 |

| 122 网 그물 망 | | 网 | 网 | 网 | 网 | 网 | 网 |
| 6획순 : 丨 冂 冂 冈 网 网 | 뜻 : 그물 |

| 123 羊 양 양 | | 羊 | 羊 | 羊 | 羊 | 羊 | 羊 |
| 6획순 : 丶 丷 丷 二 兰 羊 | 뜻 : 착하다 |

| 124 羽 깃 우 | | 羽 | 羽 | 羽 | 羽 | 羽 | 羽 |
| 6획순 : 丁 习 习 羽 羽 羽 | 뜻 : 깃털 |

| 125 老 늙을 로 | | 老 | 老 | 老 | 老 | 老 | 老 |
| 6획순 : 一 十 土 耂 耂 老 | 뜻 : 늙다 |

| 126 而 말이을 이 | | 而 | 而 | 而 | 而 | 而 | 而 |
| 6획순 : 一 丆 冂 丙 而 而 | 뜻 : 말 잇다 |

＊아래 부수 한자를 획순에 맞추어 천천히 예쁘게 써 보세요.

| 127 | 耒 쟁기 뢰 | 6획순 : ` ´ = 三 丰 耒 耒 | 뜻 : 농기구 |

| 128 | 耳 귀 이 | 6획순 : 一 丆 丆 丆 耳 耳 | 뜻 : 귀 |

| 129 | 聿 붓 률 | 6획순 : ⺆ ⺕ ⺕ 킅 클 聿 | 뜻 : 붓 |

| 130 | 肉 고기 육 | 6획순 : ｜ 冂 内 内 肉 肉 | 뜻 : 고기, 몸 |

| 131 | 臣 신하 신 | 6획순 : 一 丆 丆 丆 臣 臣 | 뜻 : 신하 |

| 132 | 自 스스로 자 | 6획순 : ´ ⺊ 白 白 自 自 | 뜻 : 스스로 |

| 133 | 至 이를 지 | 6획순 : 一 丆 므 至 至 至 | 뜻 : 이르다 |

| 134 | 臼 절구 구 | 6획순 : ´ ⺈ ⺈ 臼 臼 臼 | 뜻 : 절구 |

| 135 | 舌 혀 설 | 6획순 : ´ 二 千 舌 舌 舌 | 뜻 : 혀 |

＊아래 부수 한자를 획순에 맞추어 천천히 예쁘게 써 보세요.

136	舛 어그러질 천	6획순 : ﾉ ｸ ﾀ ﾀ ﾀ 舛	뜻 : 어긋나다
137	舟 배 주	6획순 : ﾉ ﾉ ﾑ 月 月 舟	뜻 : 쪽배
138	艮 그칠 간	6획순 : ﾂ ﾖ ﾖ 尸 艮 艮	뜻 : 머무르다
139	色 빛 색	6획순 : ﾉ ﾂ 夕 夕 多 色	뜻 : 빛깔
140	艸 풀 초	6획순 : ﾄ 屮 屮 艸 艸 艸	뜻 : 풀
141	虍 범 호	6획순 : ﾄ ﾄ 卜 广 广 虍	뜻 : 호랑이 무늬
142	虫 벌레 충	6획순 : ﾉ 口 口 中 虫 虫	뜻 : 벌레
143	血 피 혈	6획순 : ﾉ ﾉ 白 白 血 血	뜻 : 핏줄
144	行 다닐 행	6획순 : ﾉ ﾉ ﾟ 彳 行 行	뜻 : 걷다

＊아래 부수 한자를 획순에 맞추어 천천히 예쁘게 써 보세요.

145	衣 옷 의	6획순 : ` 一 ナ 齐 衣 衣	뜻 : 옷
146	両 덮을 아	6획순 : 一 冂 币 両 両 両	뜻 : 숨기다
147	見 볼 견	7획순 : 丨 冂 刀 月 目 貝 見	뜻 : 보다, 생각
148	角 뿔 각	7획순 : ´ ″ ″ 角 角 角 角	뜻 : 뿔, 각도
149	言 말씀 언	7획순 : ` 一 二 言 言 言 言	뜻 : 말하다
150	谷 골 곡	7획순 : ´ 八 父 父 谷 谷 谷	뜻 : 골짜기
151	豆 콩 두	7획순 : 一 冖 币 戸 冃 豆 豆	뜻 : 콩
152	豕 돼지 시	7획순 : 一 厂 了 豸 豸 豸 豕	뜻 : 돼지
153	豸 해태 태(벌레 치)	7획순 : ´ ´ ″ 罒 豸 豸 豸	뜻 : 해태, 맹수

＊아래 부수 한자를 획순에 맞추어 천천히 예쁘게 써 보세요.

154	貝 조개 패	7획순 : ｜ 冂 冂 冃 目 貝 貝	貝 貝 貝 貝 貝 貝	뜻 : 재물, 돈
155	赤 붉을 적	7획순 : 一 十 土 ナ 亣 赤 赤	赤 赤 赤 赤 赤 赤	뜻 : 붉다
156	走 달릴 주	7획순 : 一 十 土 ± 丰 走 走	走 走 走 走 走 走	뜻 : 달아나다
157	足 발 족	7획순 : ｜ 冂 冂 口 足 足 足	足 足 足 足 足 足	뜻 : 발, 넉넉하다
158	身 몸 신	7획순 : ′ ′ ′ 门 自 自 身	身 身 身 身 身 身	뜻 : 몸
159	車 수레 차	7획순 : 一 ｢ ｢ 币 百 直 車	車 車 車 車 車 車	뜻 : 수레
160	辛 매울 신	7획순 : ′ ` 亠 亠 立 立 辛	辛 辛 辛 辛 辛 辛	뜻 : 독하다
161	辰 별 진	7획순 : ｣ 厂 厂 匚 辰 辰 辰	辰 辰 辰 辰 辰 辰	뜻 : 별
162	辵 쉬엄쉬엄갈 착	7획순 : ′ ` 亠 亠 半 彳 辵	辵 辵 辵 辵 辵 辵	뜻 : 가다

＊아래 부수 한자를 획순에 맞추어 천천히 예쁘게 써 보세요.

163	邑 고을 읍	7획순 : ` ⼝ ⼝ 吕 吕 吕 邑						뜻 : 땅, 고을
164	酉 닭 유	7획순 : ⼀ ⼀ ⼀ 丙 西 西 酉						뜻 : 닭, 술
165	釆 분별할 변	7획순 : ` ` ⼞ ⼞ 平 釆 釆						뜻 : 나누다
166	里 마을 리	7획순 : ` ⼝ ⼝ 日 旦 甲 里						뜻 : 마을
167	金 쇠 금(성 김)	8획순 : ⼃ ⼈ ⼂ 仐 仐 金 金 金						뜻 : 금, 성씨
168	長 긴 장	8획순 : ⼀ ⼔ ⼔ ⼔ 토 튼 퉅 長						뜻 : 길다
169	門 문 문	8획순 : ⼁ ⼔ ⼔ 𠃌 𠃌 門 門 門						뜻 : 문
170	阜 언덕 부	8획순 : ` ⼔ ⼔ ⼄ 阜 阜 阜 阜						뜻 : 언덕
171	隶 미칠 이	8획순 : ⼀ ⼄ ⼖ 聿 聿 隶 隶 隶						뜻 : 미치다(닿았다), 밑

＊아래 부수 한자를 획순에 맞추어 천천히 예쁘게 써 보세요.

172	佳	새 추	8획순 : ノ 亻 亻 亻 亻 作 住 佳	뜻 : 새
173	雨	비 우	8획순 : 一 冂 冂 雨 雨 雨 雨 雨	뜻 : 비
174	靑	푸를 청	8획순 : 一 ニ キ 主 圭 靑 靑 靑	뜻 : 젊다
175	非	아닐 비	8획순 : ノ 刂 刂 刂 刲 非 非 非	뜻 : 아니다
176	面	얼굴 면	9획순 : 一 一 丆 丆 而 而 面 面 面	뜻 : 낯, 얼굴
177	革	가죽 혁	9획순 : 一 艹 艹 艹 芦 苫 莒 革	뜻 : 가죽
178	韋	다룬가죽 위	9획순 : ノ 十 ナ 並 幸 쑴 喜 喜 韋	뜻 : 가죽, 주위
179	韭	부추 구	9획순 : ㅣ ㅓ ㅓ 乬 韭 非 非 非 韭	뜻 : 부추
180	音	소리 음	9획순 : 丶 一 一 立 产 音 音 音	뜻 : 소리

61

＊아래 부수 한자를 획순에 맞추어 천천히 예쁘게 써 보세요.

181	頁 머리 혈	9획순: 一 丆 丆 丆 百 百 頁 頁 頁	頁 頁 頁 頁 頁 頁	뜻 : 머리
182	風 바람 풍	9획순: 丿 几 几 凤 凤 凤 風 風 風	風 風 風 風 風 風	뜻 : 바람
183	飛 날 비	9획순: 乙 乙 飞 飞 飞 飛 飛 飛 飛	飛 飛 飛 飛 飛 飛	뜻 : 날다
184	食 먹을 식	9획순: 丿 人 𠆢 今 今 今 food 食 食	食 食 食 食 食 食	뜻 : 밥, 먹다
185	首 머리 수	9획순: 丶 丷 丷 丷 产 首 首 首 首	首 首 首 首 首 首	뜻 : 우두머리
186	香 향기 향	9획순: 丿 二 千 千 禾 禾 香 香 香	香 香 香 香 香 香	뜻 : 향기롭다
187	馬 말 마	10획순: 丨 厂 𠃌 𠃌 𦥑 𦥑 馬 馬 馬 馬	馬 馬 馬 馬 馬 馬	뜻 : 말
188	骨 뼈 골	10획순: 丨 冂 冂 罒 罒 冎 骨 骨 骨 骨	骨 骨 骨 骨 骨 骨	뜻 : 뼈
189	高 높을 고	10획순: 丶 亠 亠 古 古 咼 高 高 高 高	高 高 高 高 高 高	뜻 : 높다

＊아래 부수 한자를 획순에 맞추어 천천히 예쁘게 써 보세요.

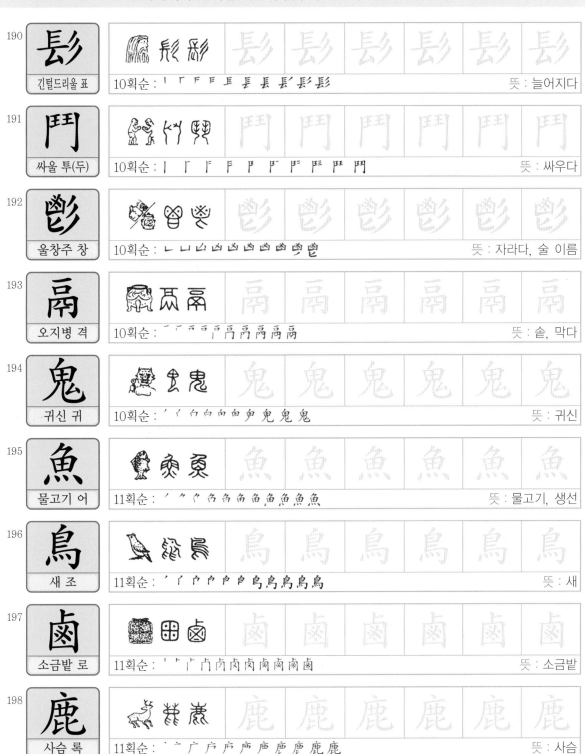

190	髟 긴털드리울 표	10획순 : 一 丆 丆 툐 툐 툐 툐 髟 髟 髟	뜻 : 늘어지다
191	鬥 싸울 투(두)	10획순 : 丨 冂 冂 冃 冃 冃 冐 冐 鬥 鬥	뜻 : 싸우다
192	鬯 울창주 창	10획순 : ㄴ ㄴ 凵 凵 凼 凼 凼 鬯 鬯	뜻 : 자라다, 술 이름
193	鬲 오지병 격	10획순 : 一 一 一 鬲 鬲 鬲 鬲 鬲 鬲 鬲	뜻 : 솥, 막다
194	鬼 귀신 귀	10획순 : 丿 亻 宀 白 白 甶 甶 鬼 鬼 鬼	뜻 : 귀신
195	魚 물고기 어	11획순 : 丿 勹 勹 夕 夕 角 角 魚 魚 魚 魚	뜻 : 물고기, 생선
196	鳥 새 조	11획순 : 丿 亻 宀 宀 白 自 鳥 鳥 鳥 鳥 鳥	뜻 : 새
197	鹵 소금밭 로	11획순 : 丨 丶 冂 冃 內 內 鹵 鹵 鹵 鹵 鹵	뜻 : 소금밭
198	鹿 사슴 록	11획순 : 丶 一 广 广 庐 庐 鹿 鹿 鹿 鹿 鹿	뜻 : 사슴

* 아래 부수 한자를 획순에 맞추어 천천히 예쁘게 써 보세요.

199	麥 보리 맥		11획순 : 一 十 十 十 中 中 少 央 來 麥 麥	뜻 : 보리
200	麻 삼 마		11획순 : ` 广 广 广 庁 庁 庥 麻 麻 麻 麻	뜻 : 삼
201	黃 누를 황		12획순 : 一 十 丗 丗 丗 芇 苦 苗 黃 黃 黃	뜻 : 누렇다
202	黍 기장 서		12획순 : 一 二 千 千 禾 禾 禾 禾 泰 黍 黍	뜻 : 기장
203	黑 검을 흑		12획순 : ` 冂 冂 口 四 四 甲 里 黒 黒 黑	뜻 : 검다, 나쁜 마음
204	黹 바느질할 치		12획순 : 丨 丨 丬 业 业 芈 芈 芾 黹 黹 黹	뜻 : 바느질하다
205	黽 맹꽁이 맹		13획순 : ` ^ ㄣ ㄣ ㄣ ㄣ 黽 黽 黽 黽 黽 黽	뜻 : 맹꽁이
206	鼎 솥 정		13획순 : 丨 冂 刀 月 目 目 鼎 鼎 鼎 鼎 鼎 鼎	뜻 : 솥
207	鼓 북 고		13획순 : 一 十 士 吉 吉 吉 青 壴 壴 壴 鼓 鼓 鼓	뜻 : 북

＊아래 부수 한자를 획순에 맞추어 천천히 예쁘게 써 보세요.

208	鼠 쥐 서	13획순 : `ﾉ ﾅ ｒﾀ ﾀ ﾟ 臼 臼 臼 臼 臼 鼠`	뜻 : 쥐
209	鼻 코 비	14획순 : `ﾉ ﾅ ｒﾀ ﾆ 白 白 白 鼻 鼻 鼻 畠 鼻 鼻 鼻`	뜻 : 코
210	齊 가지런할 제	14획순 : `ﾗ ﾗ ﾗ ﾗ ﾗ 亦 亦 亦 亦 亦 亦 齊 齊`	뜻 : 가지런하다, 다스리다
211	齒 이 치	15획순 : `丨 ⺊ ⺊ 止 止 迷 迷 迷 幽 幽 齒 齒`	뜻 : 이, 나이
212	龍 용 룡	16획순 : `ﾗ ﾗ ﾗ ﾗ 立 产 产 育 育 龍 龍 龍 龍 龍`	뜻 : 용
213	龜 거북 구(귀)(균)	16획순 : `ﾉ ﾅ ﾅ ﾅ 色 色 色 鮰 龜 龜 龜 龜 龜 龜`	뜻 : 거북, 터지다
214	龠 피리 약	17획순 : `ﾉ 人 ㅅ ㅅ 合 合 合 龠 龠 龠 龠 龠 龠 龠 龠 龠`	뜻 : 피리
	邑(阝) 우부 방	3획순 : `ㄱ ㅋ 阝`	뜻 : 땅, 고을
	(阝)阜 좌부 변	3획순 : `ㄱ ㅋ 阝`	뜻 : 언덕

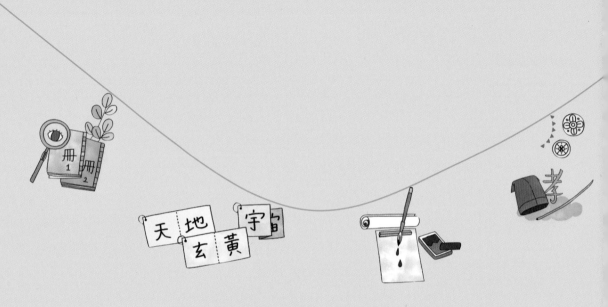

부수로 연상하는 한자 길라잡이

초등한자 따라 쓰기 1000字

3장

초등학생이
꼭 알아야 할 한자

• 家(집 가)~了(마칠 료)까지
  획순 따라 덧쓰기 연습

제1차 家~假 획순 따라 덧쓰기 연습

* 아래 한자의 획순을 따라 연필로 바르게 써 보세요.

7급 10획	＼ ′ ′ ′ ′ ′ ′ ′ ′ 家家家
家	家 家 家 家 家 家 家
집 가	활용한자 : 家訓(가훈) 家族(가족) 家庭(가정) 家計(가계)

준4급 12획	′ ′ ′ ′ ′ ′ ′ ′ ′ 街街街街
街	街 街 街 街 街 街 街
거리 가	활용한자 : 街頭(가두) 街村(가촌) 商街(상가) 街路燈(가로등)

5급 5획	一 ㄷ ㅁ ㅁ 可
可	可 可 可 可 可 可 可
옳을 가	활용한자 : 可能(가능) 可決(가결) 可動(가동) 許可(허가)

7급 14획	一 ㅜ ㅜ 可 可 可 哥 哥 哥 哥 歌 歌 歌
歌	歌 歌 歌 歌 歌 歌 歌
노래 가	활용한자 : 歌手(가수) 歌謠(가요) 歌曲(가곡) 歌舞(가무)

5급 5획	ㄱ 力 加 加 加
加	加 加 加 加 加 加 加
더할 가	활용한자 : 加減(가감) 加重(가중) 加勢(가세) 添加(첨가)

5급 15획	′ ′ ′ ′ ′ 價 價 價 價 價 價 價 價
價	價 價 價 價 價 價 價
값 가	활용한자 : 價格(가격) 價値(가치) 物價(물가) 定價(정가)

준4급 11획	′ ′ ′ ′ ′ 假 假 假 假 假
假	假 假 假 假 假 假
거짓 가	활용한자 : 假設(가설) 假髮(가발) 假橋(가교) 假拂(가불)

 暇~間 획순 따라 덧쓰기 연습

＊ 아래 한자의 획순을 따라 연필로 바르게 써 보세요.

4급 13획	丨 冂 冃 日 日 日 日 日 日 日 日 日 暇 暇						
暇 겨를/틈 가	활용한자 : 休暇(휴가) 病暇(병가) 閑暇(한가) 餘暇(여가)						

6급 6획	丿 ク 夂 冬 各 各						
各 각각 각	활용한자 : 各自(각자) 各層(각층) 各別(각별) 各種(각종)						

6급 7획	丿 ⺈ ⺈ 角 角 角 角						
角 뿔 각	활용한자 : 角木(각목) 頭角(두각) 觸角(촉각) 角度(각도)						

4급 20획	覺 (획순)						
覺 깨달을 각	활용한자 : 覺書(각서) 感覺(감각) 覺悟(각오) 發覺(발각)						

4급 8획	㇐ 亠 亥 亥 亥 刻						
刻 새길 각	활용한자 : 時刻(시각) 遲刻(지각) 刻印(각인) 深刻(심각)						

4급 3획	㇐ 二 干						
干 방패 간	활용한자 : 干支(간지) 干涉(간섭) 干潮(간조) 干城(간성)						

7급 12획	丨 ⺃ ⺄ ⺄ ⺄ ⺄ 門 門 門 閂 間 間						
間 사이 간	활용한자 : 間隔(간격) 期間(기간) 間食(간식) 瞬間(순간)						

看~監 획순 따라 덧쓰기 연습

＊ 아래 한자의 획순을 따라 연필로 바르게 써 보세요.

4급 9획	ノ 二 三 チ チ 禾 看 看 看
看	看　看　看　看　看　看　看
볼 간	활용한자 : 看破(간파)　看病(간병)　看板(간판)　看守(간수)

4급 18획	ノ ト ド ド 竺 竺 符 符 符 簡 簡 簡 簡 簡
簡	簡　簡　簡　簡　簡　簡　簡
간략할/대쪽 간	활용한자 : 簡潔(간결)　簡單(간단)　簡易(간이)　簡便(간편)

4급 5획	一 十 卄 廿 甘
甘	甘　甘　甘　甘　甘　甘　甘
달 감	활용한자 : 甘味(감미)　甘草(감초)　甘受(감수)　甘酒(감주)

준4급 12획	ヽ ヽ シ 氵 汀 汀 沪 沥 减 减 减
減	減　減　減　減　減　減　減
덜 감	활용한자 : 減員(감원)　減縮(감축)　削減(삭감)　減量(감량)

6급 13획	ノ 厂 厂 戸 戸 咸 咸 咸 咸 感 感 感
感	感　感　感　感　感　感　感
느낄 감	활용한자 : 感激(감격)　感歎(감탄)　感想(감상)　感謝(감사)

4급 12획	一 二 干 干 干 干 音 音 敢 敢 敢 敢
敢	敢　敢　敢　敢　敢　敢　敢
감히/구태여 감	활용한자 : 果敢(과감)　敢鬪(감투)　敢行(감행)　勇敢(용감)

준4급 14획	一 一 三 三 臣 臥 臥 臥 臥 監 監 監
監	監　監　監　監　監　監　監
볼 감	활용한자 : 監督(감독)　監修(감수)　監獄(감옥)　監禁(감금)

제4차 甲~改 획순 따라 덧쓰기 연습

＊ 아래 한자의 획순을 따라 연필로 바르게 써 보세요.

4급 5획	丨 冂 日 日 甲						
甲	甲	甲	甲	甲	甲	甲	甲
갑옷 갑	활용한자 : 甲富(갑부) 鐵甲(철갑) 甲板(갑판) 同甲(동갑)						

7급 6획	丶 冫 氵 氵 汀 江						
江	江	江	江	江	江	江	江
강 강	활용한자 : 江邊(강변) 江村(강촌) 江幅(강폭) 渡江(도강)						

4급 9획	㇇ 阝 阝 阝 阝 阝 降 降 降						
降	降	降	降	降	降	降	降
내릴 강/항복할 항	활용한자 : 下降(하강) 昇降(승강) 降神(강신) 降伏(항복)						

준4급 17획	丶 亠 亠 言 言 言 言 言 訁 訁 訁 講 講 講 講 講 講						
講	講	講	講	講	講	講	講
외울 강	활용한자 : 講師(강사) 講壇(강단) 講義(강의) 講座(강좌)						

6급 12획	㇇ コ 弓 弓 弓 弓 弓 弓 弓 弓 強 强						
强	强	强	强	强	强	强	强
강할 강	활용한자 : 强壓(강압) 强調(강조) 强國(강국) 强奪(강탈)						

준4급 11획	丶 亠 广 户 户 庐 庚 庚 康 康 康						
康	康	康	康	康	康	康	康
편안 강	활용한자 : 康寧(강녕) 康健(강건) 健康(건강) 康熙字典(강희자전)						

5급 7획	㇇ コ 己 己 己 改 改						
改	改	改	改	改	改	改	改
고칠 개	활용한자 : 改善(개선) 改編(개편) 改革(개혁) 改閣(개각)						

제5차 個~居 획순 따라 덧쓰기 연습

* 아래 한자의 획순을 따라 연필로 바르게 써 보세요.

준4급 10획	ノ 亻 亻 individual 们 佃 個 個 個 個
個 낱 개	활용한자 : 別個(별개) 個體(개체) 個性(개성) 個別指導(개별지도)

6급 12획	丨 亻 亻 亻 門 門 門 門 閂 開 開
開 열 개	활용한자 : 開館(개관) 開發(개발) 開催(개최) 開天節(개천절)

5급 9획	丶 丶 宀 宀 宀 灾 客 客 客
客 손 객	활용한자 : 客室(객실) 顧客(고객) 醉客(취객) 旅客機(여객기)

4급 7획	一 亠 亓 亓 百 更 更
更 다시 갱/고칠 경	활용한자 : 更新(갱신) 更生(갱생) 更迭(경질) 變更(변경)

5급 5획	一 十 土 去 去
去 갈 거	활용한자 : 去來(거래) 去就(거취) 除去(제거) 撤去(철거)

4급 5획	一 厂 E E 巨
巨 클 거	활용한자 : 巨金(거금) 巨額(거액) 巨物(거물) 巨視的(거시적)

4급 8획	乛 コ 尸 尸 尸 居 居 居
居 살 거	활용한자 : 居住(거주) 居處(거처) 居室(거실) 同居(동거)

＊아래 한자의 획순을 따라 연필로 바르게 써 보세요.

7급 7획	一 「 「 「 「 百 亘 車
車	車 車 車 車 車 車 車
수레 거/차	활용한자 : 自轉車(자전거) 停車場(정거장) 車庫(차고) 車票(차표)

5급 18획	´ ´ ´ ´ ´ ´ ´ ´ ´ ´ 與 與 與 與 擧 擧 擧
擧	擧 擧 擧 擧 擧 擧 擧
들 거	활용한자 : 擧手(거수) 擧動(거동) 檢擧(검거) 輕擧妄動(경거망동)

4급 8획	一 十 扌 扌 扩 扩 拒 拒
拒	拒 拒 拒 拒 拒 拒 拒
막을 거	활용한자 : 拒絕(거절) 拒逆(거역) 抗拒(항거) 拒否反應(거부반응)

4급 16획	一 十 扌 扌 扩 扩 扩 拵 拵 拵 拵 擄 擄 擄 據 據
據	據 據 據 據 據 據 據
근거 거	활용한자 : 據點(거점) 根據(근거) 依據(의거) 證據物(증거물)

5급 9획	フ ユ ヨ ヨ 聿 聿 津 建 建
建	建 建 建 建 建 建 建
세울 건	활용한자 : 建國(건국) 建設(건설) 建物(건물) 封建(봉건)

5급 6획	ノ イ 仁 仁 件 件
件	件 件 件 件 件 件 件
물건 건	활용한자 : 物件(물건) 件數(건수) 案件(안건) 用件(용건)

5급 11획	ノ イ 彳 仁 仨 伊 律 律 健 健
健	健 健 健 健 健 健 健
굳셀 건	활용한자 : 健勝(건승) 健康(건강) 健在(건재) 康健(강건)

제7차 傑~犬 획순 따라 덧쓰기 연습

✳ 아래 한자의 획순을 따라 연필로 바르게 써 보세요.

4급 12획	ノ イ 彳 彳 伫 伫 仵 俐 傑 傑 傑 傑
傑	傑　傑　傑　傑　傑　傑　傑
뛰어날 걸	활용한자: 傑作(걸작)　傑物(걸물)　女傑(여걸)　豪傑(호걸)

4급 15획	ノ イ 彳 仐 伶 伶 伶 伶 伶 伶 伶 儉 儉 儉
儉	儉　儉　儉　儉　儉　儉　儉
검소할 검	활용한자: 儉素(검소)　儉約(검약)　勤儉(근검)　勤儉節約(근검절약)

준4급 17획	一 十 オ オ 扩 扲 枱 柃 柃 柃 检 检 栝 栝 檢 檢
檢	檢　檢　檢　檢　檢　檢　檢
검사할 검	활용한자: 檢問(검문)　檢事(검사)　檢索(검색)　檢討(검토)

5급 10획	一 十 オ オ 扲 杦 柊 柊 格 格
格	格　格　格　格　格　格　格
격식 격	활용한자: 格言(격언)　規格(규격)　昇格(승격)　資格(자격)

4급 17획	一 ゙ 宀 宀 両 亩 車 車 車 軗 軗 軗 軗 鑿 鑿 擊
擊	擊　擊　擊　擊　擊　擊　擊
칠 격	활용한자: 擊破(격파)　突擊(돌격)　射擊(사격)　打擊(타격)

4급 16획	丶 丶 氵 汀 沪 沪 沪 沪 洎 湐 湡 湪 澂 澂 激 激
激	激　激　激　激　激　激　激
격할 격	활용한자: 過激(과격)　激鬪(격투)　激突(격돌)　自激之心(자격지심)

4급 4획	一 ナ 大 犬
犬	犬　犬　犬　犬　犬　犬　犬
개 견	활용한자: 猛犬(맹견)　鬪犬(투견)　狂犬(광견)　犬馬之勞(견마지로)

74

見~京 획순 따라 덧쓰기 연습

* 아래 한자의 획순을 따라 연필로 바르게 써 보세요.

5급 7획	丨 冂 冂 冃 目 貝 見
見	見 見 見 見 見 見 見
볼 견/뵐 현	활용한자 : 發見(발견) 見積(견적) 謁見(알현) 見物生心(견물생심)

4급 11획	一 丁 丂 丂 弖 臣 臤 臤 臤 堅 堅
堅	堅 堅 堅 堅 堅 堅 堅
굳을 견	활용한자 : 堅固(견고) 堅實(견실) 堅持(견지) 中堅手(중견수)

5급 7획	丶 丶 冫 冫 江 汖 決
決	決 決 決 決 決 決 決
결단할 결	활용한자 : 決斷(결단) 判決(판결) 決鬪(결투) 決算(결산)

5급 12획	乚 幺 幺 糸 糸 糸 糸 糸 結 結 結 結
結	結 結 結 結 結 結 結
맺을 결	활용한자 : 結婚(결혼) 團結(단결) 結實(결실) 結論(결론)

준4급 15획	丶 丶 冫 氵 氵 沪 洯 澍 潔 潔 潔 潔 潔 潔
潔	潔 潔 潔 潔 潔 潔 潔
깨끗할 결	활용한자 : 淸潔(청결) 潔白(결백) 純潔(순결) 簡潔(간결)

준4급 10획	丿 亻 仁 午 缶 缶 缸 缸 缺 缺
缺	缺 缺 缺 缺 缺 缺 缺
이지러질 결	활용한자 : 缺損(결손) 缺格(결격) 缺勤(결근) 完全無缺(완전무결)

6급 8획	丶 一 宀 宀 古 宁 京 京
京	京 京 京 京 京 京 京
서울 경	활용한자 : 京鄕(경향) 京畿(경기) 歸京(귀경) 上京(상경)

＊ 아래 한자의 획순을 따라 연필로 바르게 써 보세요.

5급 12획	丶 冂 冃 曰 昌 吕 昙 昙 昙 昙 景 景
景	景　景　景　景　景　景　景
볕 경	활용한자 : 景觀(경관)　景致(경치)　背景(배경)　景福宮(경복궁)

5급 14획	一 ㄣ 冃 白 白 車 車 軒 軒 輕 輕 輕 輕 輕
輕	輕　輕　輕　輕　輕　輕　輕
가벼울 경	활용한자 : 輕微(경미)　輕視(경시)　輕率(경솔)　輕擧妄動(경거망동)

준4급 13획	ㄥ ㄥ ㄠ 幺 糸 糸 糽 絅 經 經 經 經 經
經	經　經　經　經　經　經　經
지날/글 경	활용한자 : 經過(경과)　經歷(경력)　經營(경영)　牛耳讀經(우이독경)

5급 13획	一 ㄎ ㅘ 艹 艹 芍 苟 苟 苟 苟 敬 敬 敬
敬	敬　敬　敬　敬　敬　敬
공경할 경	활용한자 : 敬愛(경애)　恭敬(공경)　敬禮(경례)　敬天愛人(경천애인)

4급 23획	一 ㄎ ㅘ 艹 艹 芍 芍 芍 苟 苟 苟 敬 敬 敬 驚 驚 驚 驚 驚 驚 驚
驚	驚　驚　驚　驚　驚　驚　驚
놀랄 경	활용한자 : 驚氣(경기)　驚異(경이)　驚歎(경탄)　驚天動地(경천동지)

준4급 15획	一 广 户 序 序 序 庐 庐 庐 廖 廖 廖 慶 慶 慶
慶	慶　慶　慶　慶　慶　慶　慶
경사 경	활용한자 : 慶事(경사)　慶弔(경조)　慶祝(경축)　國慶日(국경일)

5급 20획	丶 ㄧ ㄥ 立 立 吞 咅 咅 咅 咅 咅 咅 竞 竞 竞 竞 竞 竞 競 競
競	競　競　競　競　競　競　競
다툴 경	활용한자 : 競爭(경쟁)　競技(경기)　競賣(경매)　競馬(경마)

境~計 획순 따라 덧쓰기 연습

✽ 아래 한자의 획순을 따라 연필로 바르게 써 보세요.

준4급 14획	一 十 土 土 圹 圹 圻 圻 培 境 境 境 境 境
境 지경 경	활용한자 : 境界(경계) 國境(국경) 困境(곤경) 無人之境(무인지경)

4급 19획	ノ ハ ト ヒ 牟 牟 余 金 金 釒 鈩 鋅 鈻 鋅 鏡 鏡 鏡 鏡 鏡
鏡 거울 경	활용한자 : 鏡臺(경대) 眼鏡(안경) 破鏡(파경) 望遠鏡(망원경)

4급 13획	ノ イ 仆 伊 仃 佢 佢 佢 傾 傾 傾 傾 傾
傾 기울 경	활용한자 : 傾斜(경사) 傾度(경도) 傾向(경향) 急傾斜(급경사)

준4급 20획	' ' ' ' ' 艹 芍 苟 苟 苟 苟 敬 敬 敬 警 警 警 警 警 警
警 깨우칠 경	활용한자 : 警告(경고) 警備(경비) 警戒(경계) 警察署(경찰서)

4급 8획	' 二 千 禾 禾 季 季 季
季 계절 계	활용한자 : 季節(계절) 冬季(동계) 秋季(추계) 四季節(사계절)

6급 9획	' 口 日 田 田 甲 界 界 界
界 지경 계	활용한자 : 境界(경계) 視界(시계) 界標(계표) 敎育界(교육계)

6급 9획	' 亠 亠 亖 言 言 言 計 計
計 셀 계	활용한자 : 計劃(계획) 計略(계략) 計座(계좌) 計算書(계산서)

＊ 아래 한자의 획순을 따라 연필로 바르게 써 보세요.

4급 21획	鷄 획순
鷄	鷄 鷄 鷄 鷄 鷄 鷄 鷄
닭 계	활용한자: 養鷄(양계) 鬪鷄(투계) 鷄林(계림) 蔘鷄湯(삼계탕)

4급 7획	系 획순
系	系 系 系 系 系 系 系
이어맬 계	활용한자: 系譜(계보) 系列(계열) 系統(계통) 家系(가계)

준4급 9획	係 획순
係	係 係 係 係 係 係 係
맬 계	활용한자: 關係(관계) 係數(계수) 係長(계장) 因果關係(인과관계)

4급 7획	戒 획순
戒	戒 戒 戒 戒 戒 戒 戒
경계할 계	활용한자: 警戒(경계) 懲戒(징계) 訓戒(훈계) 戒嚴令(계엄령)

4급 20획	繼 획순
繼	繼 繼 繼 繼 繼 繼 繼
이을 계	활용한자: 繼續(계속) 繼承(계승) 後繼(후계) 繼走(계주)

4급 12획	階 획순
階	階 階 階 階 階 階 階
섬돌 계	활용한자: 階級(계급) 階段(계단) 階層(계층) 段階(단계)

6급 5획	古 획순
古	古 古 古 古 古 古 古
예 고	활용한자: 古宮(고궁) 古典(고전) 古墳(고분) 考古學(고고학)

故~庫 획순 따라 덧쓰기 연습

※ 아래 한자의 획순을 따라 연필로 바르게 써 보세요.

준4급 9획	一 十 十 古 古 古 苦 故 故 故						
故	故	故	故	故	故	故	故
연고 고	활용한자 : 故鄕(고향) 故障(고장) 緣故(연고) 竹馬故友(죽마고우)						

5급 8획	丨 冂 冂 冂 問 問 固 固						
固	固	固	固	固	固	固	固
굳을 고	활용한자 : 堅固(견고) 固着(고착) 固體(고체) 固執(고집)						

6급 9획	一 十 十 艹 艹 苦 苦 苦 苦						
苦	苦	苦	苦	苦	苦	苦	苦
쓸 고	활용한자 : 苦生(고생) 苦痛(고통) 苦難(고난) 同苦同樂(동고동락)						

5급 6획	一 十 土 少 耂 考						
考	考	考	考	考	考	考	考
생각할 고	활용한자 : 考慮(고려) 考試(고시) 熟考(숙고) 思考力(사고력)						

6급 10획	丶 亠 亠 古 古 古 高 高 高 高						
高	高	高	高	高	高	高	高
높을 고	활용한자 : 高層(고층) 高級(고급) 最高(최고) 天高馬肥(천고마비)						

5급 7획	丿 二 牛 生 告 告 告						
告	告	告	告	告	告	告	告
고할 고	활용한자 : 告發(고발) 告訴(고소) 警告(경고) 廣告(광고)						

4급 10획	丶 亠 广 广 庐 庐 庐 庐 庫 庫						
庫	庫	庫	庫	庫	庫	庫	庫
곳집 고	활용한자 : 倉庫(창고) 金庫(금고) 國庫(국고) 冷藏庫(냉장고)						

＊ 아래 한자의 획순을 따라 연필로 바르게 써 보세요.

4급 8획	７了子孑孤孤孤						
孤	孤	孤	孤	孤	孤	孤	孤
외로울 고	활용한자 : 孤獨(고독) 孤兒(고아) 孤島(고도) 孤掌難鳴(고장난명)						

5급 6획	｜冂日由曲曲						
曲	曲	曲	曲	曲	曲	曲	曲
굽을 곡	활용한자 : 屈曲(굴곡) 曲藝(곡예) 編曲(편곡) 愛唱曲(애창곡)						

4급 15획	一十土冫亠志壴壴牽柬桒㪔㪔穀穀						
穀	穀	穀	穀	穀	穀	穀	穀
곡식 곡	활용한자 : 穀物(곡물) 雜穀(잡곡) 糧穀(양곡) 脫穀(탈곡)						

4급 7획	｜冂冂用困困困						
困	困	困	困	困	困	困	困
곤할 곤	활용한자 : 困境(곤경) 困辱(곤욕) 困難(곤란) 疲困(피곤)						

4급 10획	｜冂冂冃冋丹丹骨骨骨						
骨	骨	骨	骨	骨	骨	骨	骨
뼈 골	활용한자 : 骨折(골절) 骨盤(골반) 骨格(골격) 刻骨難忘(각골난망)						

7급 3획	一丁工						
工	工	工	工	工	工	工	工
장인 공	활용한자 : 工事(공사) 施工(시공) 完工(완공) 工藝品(공예품)						

6급 5획	一丁工功功						
功	功	功	功	功	功	功	功
공 공	활용한자 : 功勞(공로) 功績(공적) 成功(성공) 功德(공덕)						

＊아래 한자의 획순을 따라 연필로 바르게 써 보세요.

7급 8획	丶 丷 宀 宀 空 空 空 空
空	空 空 空 空 空 空 空
빌 공	활용한자 : 空間(공간) 虛空(허공) 空欄(공란) 空想(공상)

6급 6획	一 十 卄 共 共 共
共	共 共 共 共 共 共 共
한가지 공	활용한자 : 共著(공저) 共謀(공모) 共犯(공범) 自他共認(자타공인)

6급 4획	丿 八 公 公
公	公 公 公 公 公 公 公
공평할 공	활용한자 : 公法(공법) 公約(공약) 公訴(공소) 公課金(공과금)

4급 4획	乛 了 子 孔
孔	孔 孔 孔 孔 孔 孔
구멍 공	활용한자 : 孔子(공자) 毛孔(모공) 氣孔(기공) 孔孟(공맹)

4급 7획	一 T I I' J' 攻 攻
攻	攻 攻 攻 攻 攻 攻 攻
칠 공	활용한자 : 攻擊(공격) 攻襲(공습) 攻略(공략) 侵攻(침공)

6급 8획	丨 冂 曰 日 旦 甲 果 果
果	果 果 果 果 果 果 果
실과 과	활용한자 : 果樹(과수) 果實(과실) 沙果(사과) 果樹園(과수원)

5급 15획	丶 亠 宀 言 言 言 言 訂 訂 訂 誤 誤 課 課 課
課	課 課 課 課 課 課 課
공부할/과정 과	활용한자 : 課外(과외) 課業(과업) 課長(과장) 賦課(부과)

＊ 아래 한자의 획순을 따라 연필로 바르게 써 보세요.

6급 9획	ノ ニ 千 禾 禾 禾 禾 科 科
科	科 科 科 科 科 科 科
과목 과	활용한자 : 科學(과학) 科擧(과거) 齒科(치과) 敎科書(교과서)

5급 13획	١ ⼝ ⼝ ⼝ ⼞ 咼 咼 咼 咼 渦 過 過 過
過	過 過 過 過 過 過 過
지날 과	활용한자 : 過去(과거) 過勞(과로) 過敏(과민) 改過遷善(개과천선)

준4급 8획	` ` 宀 宀 宀 宁 官 官
官	官 官 官 官 官 官 官
벼슬 관	활용한자 : 官僚(관료) 官吏(관리) 官職(관직) 官廳(관청)

5급 25획	一 艹 艹 艹 艹 芦 芦 芦 萨 萨 萨 萨 雚 雚 雚 雚 雚 觀 觀 觀 觀 觀
觀	觀 觀 觀 觀 觀 觀 觀
볼 관	활용한자 : 觀覽(관람) 觀光(관광) 槪觀(개관) 參觀(참관)

5급 19획	١ ⼌ ⼌ ⼌ ⼧ 門 門 門 門 門 門 鬥 鬥 鬧 鬧 關 關 關 關
關	關 關 關 關 關 關 關
관계할 관	활용한자 : 關聯(관련) 關與(관여) 關鍵(관건) 關心事(관심사)

4급 14획	ノ ⺮ ⺮ ⺮ 竹 竹 竹 竹 竹 笁 笁 管 管 管
管	管 管 管 管 管 管 管
대롱/주관할 관	활용한자 : 管理(관리) 管掌(관장) 氣管(기관) 管制塔(관제탑)

6급 6획	١ ⼂ ⼂ ⺌ 半 光 光
光	光 光 光 光 光 光 光
빛 광	활용한자 : 光線(광선) 光速(광속) 發光體(발광체) 螢光燈(형광등)

* 아래 한자의 획순을 따라 연필로 바르게 써 보세요.

5급 15획	丶 宀 广 广 广 庐 庐 庐 庐 庐 席 席 廣 廣 廣
廣 넓을 광	廣 廣 廣 廣 廣 廣 廣
	활용한자 : 廣野(광야) 廣場(광장) 廣域(광역) 廣範圍(광범위)

4급 23획	丿 亻 亽 亽 牟 牟 牟 金 金 鈩 鉅 鉅 鉅 鉅 鉅 鑅 鑅 鑛 鑛 鑛 鑛 鑛
鑛 쇳돌 광	鑛 鑛 鑛 鑛 鑛 鑛 鑛
	활용한자 : 鑛山(광산) 鑛業(광업) 鑛物(광물) 鐵鑛石(철광석)

6급 6획	丶 亠 六 六 亣 交
交 사귈 교	交 交 交 交 交 交 交
	활용한자 : 交際(교제) 交涉(교섭) 交戰(교전) 交換(교환)

8급 10획	一 十 才 才 术 杧 杧 柇 柈 校
校 학교 교	校 校 校 校 校 校 校
	활용한자 : 校長(교장) 校歌(교가) 校訓(교훈) 學校(학교)

5급 16획	一 十 才 才 术 杧 杧 桥 桥 桥 桥 桥 橋 橋 橋
橋 다리 교	橋 橋 橋 橋 橋 橋 橋
	활용한자 : 橋梁(교량) 陸橋(육교) 鐵橋(철교) 漢江大橋(한강대교)

8급 11획	丿 乂 乑 乑 耂 孝 孝 孝 敎 敎 敎
敎 가르칠 교	敎 敎 敎 敎 敎 敎 敎
	활용한자 : 敎授(교수) 敎養(교양) 敎權(교권) 敎育監(교육감)

8급 2획	丿 九
九 아홉 구	九 九 九 九 九 九 九
	활용한자 : 九空(구공) 九泉(구천) 九官鳥(구관조) 九死一生(구사일생)

※ 아래 한자의 획순을 따라 연필로 바르게 써 보세요.

7급 3획	ㅣ 冂 口
口	口 口 口 口 口 口
입 구	활용한자: 口述(구술) 口傳(구전) 口舌數(구설수) 異口同聲(이구동성)

준4급 7획	一 十 寸 寸 求 求 求
求	求 求 求 求 求 求
구할 구	활용한자: 求乞(구걸) 求職(구직) 求愛(구애) 緣木求魚(연목구어)

5급 11획	一 十 寸 寸 求 求 求 敉 敉 救
救	救 救 救 救 救 救
구원할 구	활용한자: 救濟(구제) 救出(구출) 救命(구명) 救急車(구급차)

준4급 7획	` ` 宀 宀 宊 宄 究
究	究 究 究 究 究 究
연구할 구	활용한자: 探究(탐구) 學究(학구) 講究(강구) 研究所(연구소)

준4급 5획	` ㄱ 勹 句 句
句	句 句 句 句 句 句
글귀 구	활용한자: 句節(구절) 絶句(절구) 句讀點(구두점) 一言半句(일언반구)

5급 18획	一 艹 艹 艹 芢 芢 芢 芢 萑 萑 萑 雈 舊 舊 舊 舊
舊	舊 舊 舊 舊 舊 舊
예 구	활용한자: 舊式(구식) 舊面(구면) 親舊(친구) 舊石器(구석기)

5급 8획	ㅣ 冂 冂 目 目 具 具 具
具	具 具 具 具 具 具
갖출 구	활용한자: 具色(구색) 具備(구비) 家具(가구) 裝身具(장신구)

＊아래 한자의 획순을 따라 연필로 바르게 써 보세요.

4급 14획	一 十 才 木 杧 杧 栌 栌 栒 桿 構 構 構 構						
構	構	構	構	構	構	構	構
얽을 구	활용한자 : 構圖(구도) 構想(구상) 構築(구축) 虛構性(허구성)						

6급 11획	一 丁 丆 冇 冎 品 品 品 品 品 區						
區	區	區	區	區	區	區	區
구분할 구	활용한자 : 區域(구역) 區別(구별) 區分(구분) 禁止區域(금지구역)						

6급 11획	一 二 干 王 王 珒 玗 玗 球 球 球 球						
球	球	球	球	球	球	球	球
공 구	활용한자 : 蹴球(축구) 球團(구단) 球技(구기) 野球場(야구장)						

5급 7획	一 コ 尸 月 局 局 局						
局	局	局	局	局	局	局	局
판 국	활용한자 : 局面(국면) 亂局(난국) 藥局(약국) 郵遞局(우체국)						

8급 11획	丨 冂 冂 冃 冃 冋 冋 冋 国 國 國 國						
國	國	國	國	國	國	國	國
나라 국	활용한자 : 國歌(국가) 國語(국어) 國寶(국보) 國慶日(국경일)						

8급 9획	丶 冖 宀 冃 冃 冐 冝 軍 軍						
軍	軍	軍	軍	軍	軍	軍	軍
군사 군	활용한자 : 軍隊(군대) 軍歌(군가) 軍旗(군기) 豫備軍(예비군)						

6급 10획	一 ㅋ ㅋ 尹 尹 君 君 君' 郡 郡						
郡	郡	郡	郡	郡	郡	郡	郡
고을 군	활용한자 : 郡廳(군청) 郡守(군수) 郡民(군민) 郡界(군계)						

＊아래 한자의 획순을 따라 연필로 바르게 써 보세요.

4급 7획	ㄱ ㄱ ㅋ 尹 尹 君 君						
君	君	君	君	君	君	君	君
임금 군	활용한자 : 君主(군주) 聖君(성군) 郎君(낭군) 檀君王儉(단군왕검)						

4급 13획	ㄱ ㄱ ㅋ 尹 尹 君 君 君 君′群 群 群 群						
群	群	群	群	群	群	群	群
무리 군	활용한자 : 群衆(군중) 群落(군락) 群島(군도) 群鷄一鶴(군계일학)						

4급 8획	ㄱ ㄱ ㄹ 尸 尺 屈 屈 屈						
屈	屈	屈	屈	屈	屈	屈	屈
굽힐 굴	활용한자 : 卑屈(비굴) 屈辱(굴욕) 屈伏(굴복) 屈折(굴절)						

준4급 10획	` ` 宀 宀 宁 宁 宫 宫 宫 宮						
宮	宮	宮	宮	宮	宮	宮	宮
집 궁	활용한자 : 宮殿(궁전) 古宮(고궁) 王宮(왕궁) 景福宮(경복궁)						

4급 15획	` ` 宀 宀 宀 宂 穴 宍 窃 窃 穹 窮 窮 窮 窮						
窮	窮	窮	窮	窮	窮	窮	窮
다할/궁할 궁	활용한자 : 窮極(궁극) 窮理(궁리) 追窮(추궁) 無窮無盡(무궁무진)						

4급 8획	` ` ` ㅗ ㅛ 半 关 券 卷						
卷	卷	卷	卷	卷	卷	卷	卷
책 권	활용한자 : 卷末(권말) 卷數(권수) 席卷(석권) 壓卷(압권)						

4급 8획	` ` ` ㅗ ㅛ 半 券 券 券						
券	券	券	券	券	券	券	券
문서 권	활용한자 : 債券(채권) 旅券(여권) 證券(증권) 入場券(입장권)						

＊아래 한자의 획순을 따라 연필로 바르게 써 보세요.

준4급 22획	一 十 才 木 栌 栌 栌 栌 栌 栌 栌 栌 栌 栌 栌 栌 栌 權 權 權 權
權 권세 권	활용한자: 權力(권력) 權限(권한) 政權(정권) 統治權(통치권)

4급 20획	一 艹 芦 芦 芦 芦 芦 莆 萠 萠 萠 萠 苷 苷 苷 勸 勸
勸 권할 권	활용한자: 勸告(권고) 勸誘(권유) 勸獎(권장) 勸農(권농)

5급 12획	丶 口 口 中 虫 虫 串 串 串 貴 貴 貴
貴 귀할 귀	활용한자: 貴賓(귀빈) 貴族(귀족) 稀貴(희귀) 貴重品(귀중품)

4급 18획	丶 亻 亻 阝 阝 白 白 皀 皀 皀 皀 皀 皀 皀 歸 歸 歸
歸 돌아갈 귀	활용한자: 歸家(귀가) 歸農(귀농) 歸鄕(귀향) 事必歸正(사필귀정)

5급 11획	一 二 丰 夫 却 却 却 却 却 規 規
規 법 규	활용한자: 規範(규범) 規律(규율) 規則(규칙) 法規(법규)

4급 7획	一 十 土 圵 圽 均 均
均 고를 균	활용한자: 均等(균등) 均一(균일) 均衡(균형) 平均(평균)

준4급 13획	一 十 才 木 柯 柯 柯 柯 柯 柯 極 極 極
極 다할/극진할 극	활용한자: 極盡(극진) 極讚(극찬) 極端(극단) 太極旗(태극기)

劇~今 획순 따라 덧쓰기 연습

* 아래 한자의 획순을 따라 연필로 바르게 써 보세요.

4급 15획	` ` ` 广 声 卢 声 虐 虐 虐 虐 虐 豦 豦 劇
劇	劇 劇 劇 劇 劇 劇 劇
심할/놀이 극	활용한자: 演劇(연극) 劇場(극장) 劇團(극단) 連續劇(연속극)

6급 8획	` 广 斤 斤 沂 沂 近 近
近	近 近 近 近 近 近 近
가까울 근	활용한자: 近刊(근간) 最近(최근) 近處(근처) 附近(부근)

4급 13획	一 十 艹 廿 芷 芇 苦 苜 葷 葷 葷 勤 勤
勤	勤 勤 勤 勤 勤 勤 勤
부지런할 근	활용한자: 勤勉(근면) 勤儉(근검) 勤務(근무) 勤勞者(근로자)

6급 10획	一 十 才 木 木 杓 杒 根 根 根
根	根 根 根 根 根 根 根
뿌리 근	활용한자: 根源(근원) 根本(근본) 根絕(근절) 禍根(화근)

4급 12획	` ` ` ` 竻 竻 笒 笳 笁 筋 筋 筋
筋	筋 筋 筋 筋 筋 筋 筋
힘줄 근	활용한자: 筋肉(근육) 筋力(근력) 筋骨(근골) 鐵筋(철근)

8급 8획	ノ 入 入 수 수 全 全 金 金
金	金 金 金 金 金 金 金
쇠 금/성 김	활용한자: 金錢(금전) 金庫(금고) 金塊(금괴) 金枝玉葉(금지옥엽) 金氏(김씨)

6급 4획	ノ 入 入 今
今	今 今 今 今 今 今 今
이제 금	활용한자: 只今(지금) 今年(금년) 今週(금주) 今時初聞(금시초문)

禁~起 획순 따라 덧쓰기 연습

＊아래 한자의 획순을 따라 연필로 바르게 써 보세요.

준4급 13획	一 十 オ 木 术 村 村 林 林 梺 梺 禁 禁						
禁 금할 금	禁	禁	禁	禁	禁	禁	禁
	활용한자 : 禁忌(금기) 禁煙(금연) 禁酒(금주) 監禁(감금)						

5급 12획	ﾉ ﾉ 幺 幺 糸 糸 糽 糿 給 給 給 給						
給 줄 급	給	給	給	給	給	給	給
	활용한자 : 給食(급식) 配給(배급) 供給(공급) 俸給(봉급)						

6급 9획	ﾉ ﾉ 刍 刍 刍 刍 急 急 急						
急 급할 급	急	急	急	急	急	急	急
	활용한자 : 急減(급감) 急流(급류) 急錢(급전) 救急車(구급차)						

6급 10획	ﾉ ﾉ 幺 幺 糸 糸 糽 糿 級 級						
級 등급 급	級	級	級	級	級	級	級
	활용한자 : 級數(급수) 階級(계급) 等級(등급) 最高級(최고급)						

5급 3획	フ コ 己						
己 몸 기	己	己	己	己	己	己	己
	활용한자 : 自己(자기) 利己(이기) 知己(지기) 十年知己(십년지기)						

7급 10획	ﾍ 一 亠 亖 言 言 言 記 記 記						
記 기록할 기	記	記	記	記	記	記	記
	활용한자 : 日記(일기) 記錄(기록) 登記(등기) 記念物(기념물)						

준4급 10획	一 十 土 卉 走 走 走 起 起 起						
起 일어날 기	起	起	起	起	起	起	起
	활용한자 : 起立(기립) 起點(기점) 起居(기거) 起死回生(기사회생)						

期~奇 획순 따라 덧쓰기 연습

＊아래 한자의 획순을 따라 연필로 바르게 써 보세요.

5급 12획	一 十 卄 甘 甘 甘 其 其 期 期 期 期
期	期　期　期　期　期　期　期
기약할 기	활용한자 : 期間(기간)　期約(기약)　滿期(만기)　思春期(사춘기)

5급 11획	一 十 卄 甘 甘 其 其 其 基 基 基
基	基　基　基　基　基　基　基
터 기	활용한자 : 基礎(기초)　基盤(기반)　基點(기점)　基金(기금)

7급 10획	′ ′ ′ 气 气 气 氚 氚 氧 氣
氣	氣　氣　氣　氣　氣　氣　氣
기운 기	활용한자 : 氣運(기운)　氣勢(기세)　濕氣(습기)　無氣力(무기력)

5급 7획	一 十 扌 扩 扩 抃 技
技	技　技　技　技　技　技　技
재주 기	활용한자 : 技術(기술)　技巧(기교)　競技(경기)　技能(기능)

4급 9획	′ ′ 幺 幺 糸 糸 糸 紀 紀 紀
紀	紀　紀　紀　紀　紀　紀　紀
벼리 기	활용한자 : 紀綱(기강)　軍紀(군기)　紀律(기율)　紀念館(기념관)

7급 14획	′ ′ ′ 方 方 方 方 旃 旃 旃 旗 旗 旗 旗
旗	旗　旗　旗　旗　旗　旗　旗
기 기	활용한자 : 國旗(국기)　旗手(기수)　五輪旗(오륜기)　太極旗(태극기)

4급 8획	一 十 大 亼 李 夲 奇 奇
奇	奇　奇　奇　奇　奇　奇　奇
기특할 기	활용한자 : 奇妙(기묘)　奇蹟(기적)　好奇心(호기심)　奇巖怪石(기암괴석)

＊아래 한자의 획순을 따라 연필로 바르게 써 보세요.

4급 11획	⸌ ⸌ ⸌ ⸌ ⸌ ⸌ ⸌ ⸌ ⸌ 寄
寄	寄　寄　寄　寄　寄　寄　寄
부칠 기	활용한자：寄附(기부)　寄託(기탁)　寄與(기여)　寄宿舍(기숙사)

준4급 16획	⸌ ⸌ ⸌ 吅 吅 吅 哭 哭 哭 器 哭 器 器
器	器　器　器　器　器　器　器
그릇 기	활용한자：器具(기구)　武器(무기)　陶瓷器(도자기)　大器晩成(대기만성)

4급 16획	一 十 才 才 才 杧 杧 杧 杧 梢 梢 梢 機 機 機
機	機　機　機　機　機　機　機
틀 기	활용한자：機械(기계)　機構(기구)　自販機(자판기)　時機尚早(시기상조)

5급 7획	⸌ ⸌ ⸌ 氵 氵 汽 汽 汽
汽	汽　汽　汽　汽　汽　汽　汽
물끓는 김 기	활용한자：汽船(기선)　汽車(기차)　汽罐(기관)　汽筒(기통)

5급 6획	一 十 士 古 吉 吉
吉	吉　吉　吉　吉　吉　吉　吉
길할 길	활용한자：吉鳥(길조)　吉運(길운)　吉夢(길몽)　立春大吉(입춘대길)

준4급 13획	丨 冂 日 日 日 旷 旷 旷 旷 暖 暖 暖 暖
暖	暖　暖　暖　暖　暖　暖　暖
따뜻할 난	활용한자：暖房(난방)　暖流(난류)　暖冬(난동)　溫暖化(온난화)

준4급 19획	一 十 艹 艹 芌 苩 苩 苩 堇 革 堇 鄞 鄞 鄞 鞲 難 難 難
難	難　難　難　難　難　難　難
어려울 난/란	활용한자：難關(난관)　險難(험난)　論難(논란)　進退兩難(진퇴양난)

＊아래 한자의 획순을 따라 연필로 바르게 써 보세요.

8급 9획	一 十 十 市 市 西 南 南 南
南 남녘 남	활용한자: 南部(남부) 南端(남단) 湖南(호남) 南海岸(남해안)

7급 7획	丨 冂 日 田 田 男 男
男 사내 남	활용한자: 男兒(남아) 得男(득남) 男便(남편) 善男善女(선남선녀)

4급 10획	乞 爻 爻 爻 糸 糸 糸 糾 納 納
納 들일 납	활용한자: 納稅(납세) 納期(납기) 納付(납부) 豫納(예납)

7급 4획	丨 冂 内 内
內 안 내	활용한자: 內室(내실) 內賓(내빈) 白內障(백내장) 外柔內剛(외유내강)

8급 3획	く 女 女
女 여자 녀	활용한자: 淑女(숙녀) 子女(자녀) 女傑(여걸) 男女(남녀)

8급 6획	丿 宀 仁 仁 午 年
年 해 년	활용한자: 靑年(청년) 送年(송년) 年下(연하) 豊年(풍년)

5급 8획	丿 入 人 今 今 念 念 念
念 생각 념	활용한자: 專念(전념) 執念(집념) 念慮(염려) 雜念(잡념)

제26차 怒~短 획순 따라 덧쓰기 연습

＊ 아래 한자의 획순을 따라 연필로 바르게 써 보세요.

준4급 9획	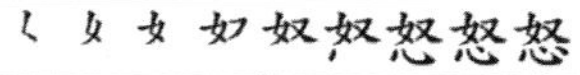						
怒	怒	怒	怒	怒	怒	怒	怒
성낼 노	활용한자 : 憤怒(분노) 震怒(진노) 怒聲(노성) 怒發大發(노발대발)						

준4급 7획							
努	努	努	努	努	努	努	努
힘쓸 노	활용한자 : 努力(노력) 努力家(노력가) 努力派(노력파)						

7급 13획							
農	農	農	農	農	農	農	農
농사 농	활용한자 : 農場(농장) 農耕(농경) 農藥(농약) 農機械(농기계)						

5급 10획	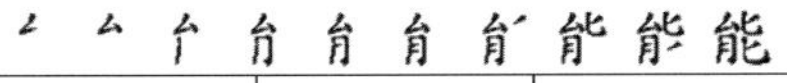						
能	能	能	能	能	能	能	能
능할 능	활용한자 : 能力(능력) 能率(능률) 藝能(예능) 全知全能(전지전능)						

6급 6획	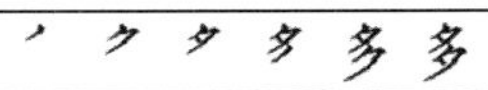						
多	多	多	多	多	多	多	多
많을 다	활용한자 : 多樣(다양) 多讀(다독) 多彩(다채) 三多島(삼다도)						

준4급 12획	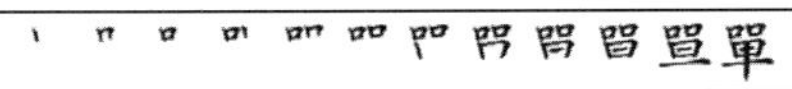						
單	單	單	單	單	單	單	單
홑 단	활용한자 : 單純(단순) 單券(단권) 食單(식단) 單細胞(단세포)						

6급 12획	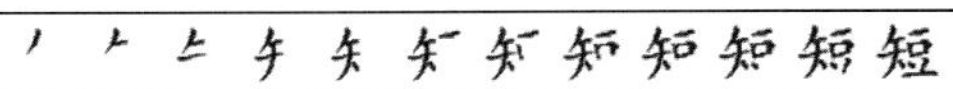						
短	短	短	短	短	短	短	短
짧을 단	활용한자 : 短命(단명) 短縮(단축) 短點(단점) 短距離(단거리)						

端~達 획순 따라 덧쓰기 연습

* 아래 한자의 획순을 따라 연필로 바르게 써 보세요.

준4급 14획	` ` ` ` ` ` ` ` ` ` ` 端端端
端	端 端 端 端 端 端 端
끝 단	활용한자 : 末端(말단) 端緒(단서) 端整(단정) 端末機(단말기)

4급 9획	` ` ` ` ` ` ` 段段
段	段 段 段 段 段 段
층계 단	활용한자 : 階段(계단) 手段(수단) 段落(단락) 現段階(현단계)

5급 16획	` ` ` ` ` ` ` ` ` ` ` ` 壇壇 壇
壇	壇 壇 壇 壇 壇 壇 壇
단 단	활용한자 : 講壇(강단) 教壇(교단) 壇上(단상) 花壇(화단)

준4급 17획	` ` ` ` ` ` ` ` ` ` ` ` ` ` ` 檀檀
檀	檀 檀 檀 檀 檀 檀 檀
박달나무 단	활용한자 : 檀園(단원) 檀君(단군) 檀紀(단기) 黑檀(흑단)

준4급 18획	` ` ` ` ` ` ` ` ` ` ` ` ` ` 斷斷斷
斷	斷 斷 斷 斷 斷 斷 斷
끊을 단	활용한자 : 斷食(단식) 斷絕(단절) 遮斷(차단) 斷髮(단발)

5급 14획	` ` ` ` ` ` ` ` ` ` ` ` 團團
團	團 團 團 團 團 團 團
둥글 단	활용한자 : 團結(단결) 團束(단속) 球團(구단) 合唱團(합창단)

준4급 13획	` ` ` ` ` ` ` ` ` 達達達
達	達 達 達 達 達 達 達
통달할 달	활용한자 : 達辯(달변) 達筆(달필) 發達(발달) 傳達(전달)

* 아래 한자의 획순을 따라 연필로 바르게 써 보세요.

5급 15획	` 二 三 言 言 言 言 談 談 談 談 談 談
談	談 談 談 談 談 談 談
말씀 담	활용한자 : 談話(담화) 德談(덕담) 雜談(잡담) 頂上會談(정상회담)

준4급 16획	ˉ 扌 扌 扩 扩 护 护 护 护 擔 擔 擔 擔 擔
擔	擔 擔 擔 擔 擔 擔 擔
멜 담	활용한자 : 擔當(담당) 擔任(담임) 擔保(담보) 專擔(전담)

7급 12획	′ ⺮ ⺮ ⺮ ⺮ ⺮ 笠 笠 笠 答 答 答
答	答 答 答 答 答 答 答
대답 답	활용한자 : 答辯(답변) 應答(응답) 對答(대답) 默默不答(묵묵부답)

6급 11획	′ ′ ′′ ′′ ′′ ′′ 尚 尚 堂 堂 堂
堂	堂 堂 堂 堂 堂 堂 堂
집 당	활용한자 : 講堂(강당) 聖堂(성당) 堂叔(당숙) 食堂(식당)

5급 13획	′ ′ ′′ ′′ 尚 尚 尚 尚 常 常 當 當 當
當	當 當 當 當 當 當 當
마땅 당	활용한자 : 擔當(담당) 當番(당번) 當落(당락) 正當防衛(정당방위)

준4급 20획	′ ′ ′′ ′′ 尚 尚 尚 尚 尚 常 常 常 當 當 黨 黨 黨 黨 黨
黨	黨 黨 黨 黨 黨 黨 黨
무리 당	활용한자 : 黨權(당권) 黨籍(당적) 惡黨(악당) 脫黨(탈당)

8급 3획	一 ナ 大
大	大 大 大 大 大 大 大
큰 대	활용한자 : 大陸(대륙) 大人(대인) 大亂(대란) 大韓民國(대한민국)

代~到 획순 따라 덧쓰기 연습

＊아래 한자의 획순을 따라 연필로 바르게 써 보세요.

6급 5획	ノ イ 仁 代 代
代 대신 대	활용한자: 代案(대안) 代替(대체) 代身(대신) 代行(대행)

6급 9획	ノ ㇍ 彳 彳 彳 彳 彳 待 待
待 기다릴 대	활용한자: 待機(대기) 待遇(대우) 待避(대피) 鶴首苦待(학수고대)

5급 14획	丨 丬 丬 业 业 业 业 业 业 丵 丵 對 對 對
對 대할 대	활용한자: 對決(대결) 對談(대담) 對應(대응) 對角線(대각선)

준4급 11획	一 十 卅 卅 世 卅 卌 卌 带 带 带
帶 띠 대	활용한자: 革帶(혁대) 帶劍(대검) 熱帶林(열대림) 携帶品(휴대품)

준4급 12획	㇍ ㇌ ㇏ ㇏ ㇏ 阝 阝 阵 阵 隊 隊 隊
隊 무리 대	활용한자: 軍隊(군대) 隊列(대열) 編隊(편대) 遠征隊(원정대)

5급 15획	ノ ㇍ 彳 彳 彳 彳 徉 徉 德 德 德 德 德 德 德
德 큰 덕	활용한자: 德談(덕담) 德望(덕망) 惡德(악덕) 德壽宮(덕수궁)

5급 8획	一 工 工 至 至 至 到 到
到 이를 도	활용한자: 到達(도달) 到着(도착) 殺到(쇄도) 用意周到(용의주도)

度~逃 획순 따라 덧쓰기 연습

* 아래 한자의 획순을 따라 연필로 바르게 써 보세요.

6급 9획	` 一 广 广 产 产 庐 庐 度 度
度	度 度 度 度 度 度 度
법도 도/헤아릴 탁	활용한자: 度量(도량) 濕度(습도) 態度(태도) 度支部(탁지부)

7급 13획	` 丷 丷 ꭕ 犭 首 首 首 首 道 道 道 道
道	道 道 道 道 道 道 道
길 도	활용한자: 道路(도로) 鐵道(철도) 道廳(도청) 橫斷步道(횡단보도)

5급 10획	` ⺈ ⺊ ⼾ 鸟 鸟 島 島 島 島
島	島 島 島 島 島 島 島
섬 도	활용한자: 半島(반도) 列島(열도) 汝矣島(여의도) 三多島(삼다도)

4급 10획	´ ⺅ 彳 彳 彳 徏 徏 徏 徒 徒
徒	徒 徒 徒 徒 徒 徒 徒
무리 도	활용한자: 徒黨(도당) 生徒(생도) 暴徒(폭도) 花郞徒(화랑도)

5급 12획	一 十 土 耂 尹 者 者 者 者 者ß 都 都
都	都 都 都 都 都 都 都
도읍 도	활용한자: 都城(도성) 都給(도급) 衛星都市(위성도시) 都賣市場(도매시장)

6급 14획	丨 冂 冂 冂 冏 冏 冏 冏 冏 冏 冏 圖 圖 圖
圖	圖 圖 圖 圖 圖 圖 圖
그림 도	활용한자: 圖面(도면) 圖案(도안) 略圖(약도) 圖書館(도서관)

4급 10획	´ ノ ㇆ 兆 兆 兆 兆 逃 逃 逃
逃	逃 逃 逃 逃 逃 逃 逃
도망할 도	활용한자: 逃走(도주) 逃避(도피) 逃亡(도망) 逃散(도산)

＊ 아래 한자의 획순을 따라 연필로 바르게 써 보세요.

준4급 16획	`丷丷丷产产首首首首首道道道道道導導導
導 인도할 도	활용한자 : 啓導(계도) 導入(도입) 引導(인도) 矯導(교도)

4급 12획	`丶冫氵汔汋次次浼浼盗盗
盗 도둑 도	활용한자 : 盜難(도난) 盜用(도용) 盜聽(도청) 竊盜(절도)

6급 22획	`一亠言言言言訂訮詩詩詩詩詩詩詩詩讀讀讀
讀 읽을 독/ 구절 두	활용한자 : 讀破(독파) 朗讀(낭독) 句讀點(구두점) 晝耕夜讀(주경야독)

5급 16획	`丿丬丬犭犭犭犭犭犭犲犲獨獨獨獨
獨 홀로 독	활용한자 : 獨房(독방) 獨走(독주) 孤獨(고독) 獨不將軍(독불장군)

준4급 9획	`一二丰主走青青青毒
毒 독 독	활용한자 : 中毒(중독) 消毒(소독) 毒感(독감) 食中毒(식중독)

준4급 13획	`丶上上丰尗尗尗叔叔督督督督
督 감독할 독	활용한자 : 監督(감독) 督勵(독려) 督促(독촉) 基督敎(기독교)

7급 6획	`｜冂冂同同同
同 한가지 동	활용한자 : 同僚(동료) 同盟(동맹) 同乘(동승) 草綠同色(초록동색)

洞~斗 획순 따라 덧쓰기 연습

＊아래 한자의 획순을 따라 연필로 바르게 써 보세요.

7급 9획	` ` ` ｀ ｀氵 汀 汩 洞 洞 洞 洞
洞	洞　洞　洞　洞　洞　洞　洞
골 동/밝을 통	활용한자 : 洞長(동장)　洞內(동내)　洞達(통달)　洞察力(통찰력)

6급 12획	｀ ｀ ｀ ｀ 立 产 音 音 音 音 童 童
童	童　童　童　童　童　童　童
아이 동	활용한자 : 童心(동심)　童話(동화)　童謠(동요)　兒童(아동)

7급 5획	｀ 勹 夂 冬 冬
冬	冬　冬　冬　冬　冬　冬　冬
겨울 동	활용한자 : 冬節(동절)　冬季(동계)　冬眠(동면)　嚴冬雪寒(엄동설한)

8급 8획	一 厂 币 币 币 亩 亩 東 東
東	東　東　東　東　東　東　東
동녘 동	활용한자 : 東海(동해)　東洋(동양)　東奔西走(동분서주)　馬耳東風(마이동풍)

7급 11획	｀ ｀ 二 二 千 舌 舌 重 重 重 動 動
動	動　動　動　動　動　動　動
움직일 동	활용한자 : 動力(동력)　亂動(난동)　變動(변동)　搖之不動(요지부동)

준4급 14획	ノ ⺊ ⺊ 戶 午 幺 釒 釒 釦 釖 銅 銅 銅 銅
銅	銅　銅　銅　銅　銅　銅　銅
구리 동	활용한자 : 銅錢(동전)　銅像(동상)　銅鑛(동광)　靑銅器(청동기)

준4급 4획	｀ ｀ 二 斗
斗	斗　斗　斗　斗　斗　斗　斗
말 두	활용한자 : 斗量(두량)　斗落(두락)　泰斗(태두)　北斗七星(북두칠성)

* 아래 한자의 획순을 따라 연필로 바르게 써 보세요.

준4급 7획	` ´ ´ ´ ´ ´ ´ ´ ´ 豆						
豆	豆	豆	豆	豆	豆	豆	豆
콩 두	활용한자 : 豆乳(두유) 大斗(대두) 豆腐(두부) 綠豆(녹두)						

6급 16획	` ´ ´ ´ ´ ´ ´ 豆 豆 豆 豆 頭 頭 頭 頭 頭						
頭	頭	頭	頭	頭	頭	頭	頭
머리 두	활용한자 : 頭腦(두뇌) 頭髮(두발) 頭痛(두통) 龍頭蛇尾(용두사미)						

준4급 11획	` ´ ´ ´ ´ ´ ´ ´ ´ ´ 得						
得	得	得	得	得	得	得	得
얻을 득	활용한자 : 獲得(획득) 習得(습득) 得道(득도) 旣得權(기득권)						

6급 12획	` ´ ´ ´ ´ ´ ´ 等 等 等 等 等						
等	等	等	等	等	等	等	等
무리 등	활용한자 : 等級(등급) 對等(대등) 平等(평등) 劣等感(열등감)						

7급 12획	` ´ ´ ´ ´ ´ ´ 登 登 登 登 登						
登	登	登	登	登	登	登	登
오를 등	활용한자 : 登山(등산) 登用(등용) 登錄(등록) 登下校(등하교)						

준4급 16획	` ´ ´ ´ ´ ´ ´ 燈 燈 燈 燈 燈 燈 燈 燈						
燈	燈	燈	燈	燈	燈	燈	燈
등 등	활용한자 : 電燈(전등) 燈臺(등대) 消燈(소등) 街路燈(가로등)						

준4급 19획	` ´ ´ ´ ´ ´ ´ 羅 羅 羅 羅 羅 羅 羅 羅 羅 羅						
羅	羅	羅	羅	羅	羅	羅	羅
벌일 라	활용한자 : 羅城(나성) 新羅(신라) 羅針盤(나침반) 森羅萬象(삼라만상)						

＊ 아래 한자의 획순을 따라 연필로 바르게 써 보세요.

5급 13획	一 十 艹 艹 艹 艹 艹 莎 莎 莈 落 落 落						
落	落	落	落	落	落	落	落
떨어질 락	활용한자 : 落水(낙수) 落選(낙선) 落鄕(낙향) 秋風落葉(추풍낙엽)						

6급 15획	' ｆ ｆ 白 白 白 纳 纳 缴 缴 樂 樂 樂 樂						
樂	樂	樂	樂	樂	樂	樂	樂
즐길 락/ 노래 악	활용한자 : 樂園(낙원) 快樂(쾌락) 樂譜(악보) 絃樂器(현악기)						

4급 7획	' ｆ ｆ ｆ 卵 卵 卵						
卵	卵	卵	卵	卵	卵	卵	卵
알 란	활용한자 : 鷄卵(계란) 産卵(산란) 卵生(난생) 一卵性(일란성)						

4급 13획	' ' ｆ ｆ ｆ ｆ 窅 窅 窅 窅 窅 亂						
亂	亂	亂	亂	亂	亂	亂	亂
어지러울 란	활용한자 : 亂動(난동) 亂暴(난폭) 騷亂(소란) 心亂(심란)						

4급 21획	一 一 ｆ ｆ ｆ ｆ ｆ ｆ ｆ 臨 臨 臨 臨 臨 臨 臨 臨 臨 覽 覽						
覽	覽	覽	覽	覽	覽	覽	覽
볼 람	활용한자 : 觀覽(관람) 閱覽(열람) 回覽(회람) 博覽會(박람회)						

5급 11획	' ヲ ヲ ヲ 白 良 良 朗 朗 朗 朗						
朗	朗	朗	朗	朗	朗	朗	朗
밝을 랑	활용한자 : 明朗(명랑) 朗讀(낭독) 朗誦(낭송) 朗報(낭보)						

7급 8획	一 ｆ ｆ ｆ ｆ 來 來 來						
來	來	來	來	來	來	來	來
올 래	활용한자 : 來年(내년) 來賓(내빈) 來歷(내력) 去來(거래)						

101

＊ 아래 한자의 획순을 따라 연필로 바르게 써 보세요.

5급 7획	` 冫 冫 冫 冫冫 冷 冷						
冷	冷	冷	冷	冷	冷	冷	冷
찰 랭	활용한자：冷水(냉수)　冷凍(냉동)　急冷(급랭)　冷藏庫(냉장고)						

4급 11획	` 冂 冂 田 田 町 畋 畋 略 略						
略	略	略	略	略	略	略	略
간략할/다스릴 략	활용한자：簡略(간략)　略圖(약도)　略歷(약력)　略字(약자)						

5급 7획	` ⺄ ⺄ ⺕ 白 良 良						
良	良	良	良	良	良	良	良
어질 량	활용한자：善良(선량)　良書(양서)　良藥(양약)　賢母良妻(현모양처)						

준4급 8획	` 冂 冋 雨 雨 雨 雨 雨						
兩	兩	兩	兩	兩	兩	兩	兩
두 량	활용한자：兩極(양극)　兩班(양반)　兩親(양친)　進退兩難(진퇴양난)						

5급 12획	` 冂 冂 日 旦 早 昻 昌 昌 昌 量 量						
量	量	量	量	量	量	量	量
헤아릴 량	활용한자：雅量(아량)　減量(감량)　質量(질량)　測量(측량)						

4급 18획	` ` ` ⺍ ⺩ 半 才 米 米 料 料 糀 糂 糧 糧 糧 糧 糧						
糧	糧	糧	糧	糧	糧	糧	糧
양식 량	활용한자：食糧(식량)　糧穀(양곡)　糧食(양식)　糧米(양미)						

4급 10획	` ⺀ ⺀ 方 方 方 方 旅 旅 旅						
旅	旅	旅	旅	旅	旅	旅	旅
나그네 려	활용한자：行旅(행려)　旅券(여권)　旅行(여행)　旅客機(여객기)						

麗~列 획순 따라 덧쓰기 연습

＊아래 한자의 획순을 따라 연필로 바르게 써 보세요.

준4급 19획	麗 (획순)
麗 고울 려	활용한자 : 華麗(화려) 秀麗(수려) 高麗(고려) 高句麗(고구려)

4급 15획	慮 (획순)
慮 생각할 려	활용한자 : 考慮(고려) 配慮(배려) 心慮(심려) 念慮(염려)

7급 2획	力 (획순)
力 힘 력	활용한자 : 力道(역도) 膽力(담력) 魅力(매력) 記憶力(기억력)

5급 16획	歷 (획순)
歷 지날 력	활용한자 : 歷代(역대) 歷史(역사) 歷任(역임) 履歷書(이력서)

준4급 11획	連 (획순)
連 이을 련	활용한자 : 連續(연속) 連結(연결) 連繫(연계) 連鎖(연쇄)

5급 15획	練 (획순)
練 익힐 련	활용한자 : 練習(연습) 修練(수련) 熟練工(숙련공) 訓練兵(훈련병)

준4급 6획	列 (획순)
列 벌일 렬	활용한자 : 系列(계열) 陳列(진열) 列島(열도) 夜間列車(야간열차)

제37차 烈~老 획순 따라 덧쓰기 연습

＊아래 한자의 획순을 따라 연필로 바르게 써 보세요.

4급 10획	一 �␣ 歹 歹 列 列 列 烈 烈 烈
烈 매울 렬	활용한자: 烈士(열사) 烈女(열녀) 猛烈(맹렬) 壯烈(장렬)

5급 5획	ノ 人 人 今 令
令 하여금 령	활용한자: 號令(호령) 假令(가령) 發令(발령) 戒嚴令(계엄령)

5급 14획	ノ ㇠ ㇠ 今 令 令 領 領 領 領 領 領 領 領
領 거느릴 령	활용한자: 領空(영공) 領域(영역) 要領(요령) 大統領(대통령)

6급 8획	ノ 亻 亻 亻 列 例 例 例
例 법식 례	활용한자: 例規(예규) 慣例(관례) 比例(비례) 類例(유례)

6급 18획	一 二 亍 亓 禾 和 和 神 神 神 神 禮 禮 禮 禮 禮 禮 禮
禮 예도 례	활용한자: 禮節(예절) 婚禮(혼례) 祭禮(제례) 主禮辭(주례사)

6급 13획	丶 ㇂ ㅁ ㅁ ㅁ 早 足 足 趵 趵 趵 路 路
路 길 로	활용한자: 道路(도로) 路線(노선) 路邊(노변) 滑走路(활주로)

7급 6획	一 十 土 耂 老 老
老 늙을 로	활용한자: 老齡(노령) 老患(노환) 敬老堂(경로당) 養老院(양로원)

104

제38차 勞~柳 획순 따라 덧쓰기 연습

＊ 아래 한자의 획순을 따라 연필로 바르게 써 보세요.

5급 12획	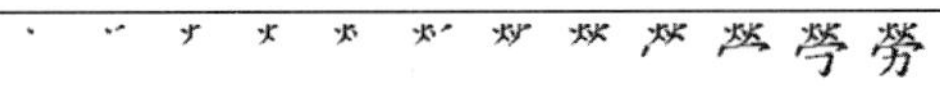						
勞	勞	勞	勞	勞	勞	勞	勞
일할 로	활용한자 : 勞苦(노고) 過勞(과로) 勞組(노조) 肉體勞動(육체노동)						

6급 14획	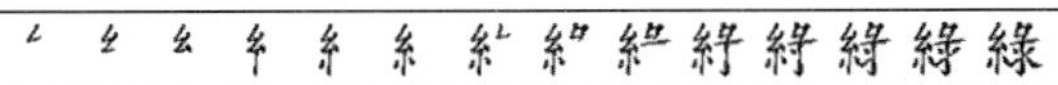						
綠	綠	綠	綠	綠	綠	綠	綠
푸를 록	활용한자 : 綠陰(녹음) 綠色(녹색) 綠茶(녹차) 草綠同色(초록동색)						

준4급 16획	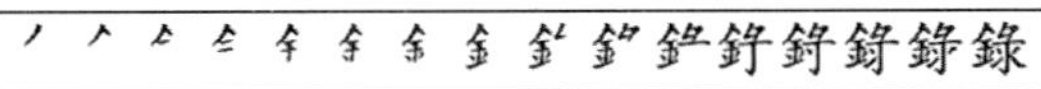						
錄	錄	錄	錄	錄	錄	錄	錄
기록할 록	활용한자 : 登錄(등록) 錄音(녹음) 錄畵(녹화) 收錄(수록)						

준4급 15획	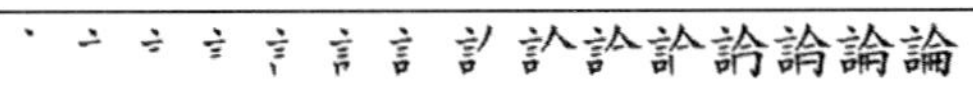						
論	論	論	論	論	論	論	論
논할 론	활용한자 : 討論(토론) 論爭(논쟁) 結論(결론) 卓上空論(탁상공론)						

4급 10획							
料	料	料	料	料	料	料	料
헤아릴 료	활용한자 : 料金(요금) 肥料(비료) 資料(자료) 過怠料(과태료)						

4급 16획	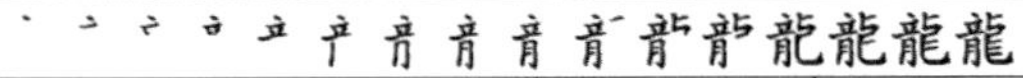						
龍	龍	龍	龍	龍	龍	龍	龍
용 룡	활용한자 : 龍宮(용궁) 龍虎(용호) 龍顔(용안) 龍頭蛇尾(용두사미)						

4급 9획	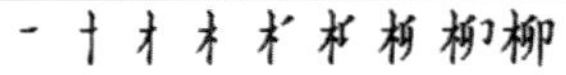						
柳	柳	柳	柳	柳	柳	柳	柳
버들 류	활용한자 : 柳器(유기) 柳枝(유지) 柳花(유화) 柳炭(유탄)						

留~律 획순 따라 덧쓰기 연습

＊ 아래 한자의 획순을 따라 연필로 바르게 써 보세요.

준4급 10획	ノ 厂 厂 厂 卯 卯 留 留 留 留
留 머무를 류	활용한자: 留級(유급) 留保(유보) 留念(유념) 停留場(정류장)

5급 10획	丶 丶 氵 氵 汀 汴 法 泬 流 流
流 흐를 류	활용한자: 急流(급류) 氣流(기류) 流布(유포) 流動性(유동성)

5급 19획	丶 丷 业 半 米 米 米 米 粨 粨 類 類 類 類 類 類
類 무리 류	활용한자: 鳥類(조류) 穀類(곡류) 分類(분류) 類類相從(유유상종)

8급 4획	丶 一 六 六
六 여섯 륙	활용한자: 六角(육각) 六法(육법) 六面體(육면체) 三十六計(삼십육계)

5급 11획	フ 了 阝 阝 阡 阼 陸 陜 陸 陸 陸
陸 뭍 륙	활용한자: 陸地(육지) 陸路(육로) 陸橋(육교) 陸上競技(육상경기)

4급 15획	一 厂 厅 百 亘 車 車 軒 軡 軡 輪 輪 輪 輪 輪
輪 바퀴 륜	활용한자: 輪廓(윤곽) 輪廻(윤회) 輪轉機(윤전기) 五輪旗(오륜기)

준4급 9획	ノ ク 彳 彳 彳 伊 律 律 律
律 법칙 률	활용한자: 規律(규율) 戒律(계율) 調律(조율) 律動(율동)

里~立 획순 따라 덧쓰기 연습

＊아래 한자의 획순을 따라 연필로 바르게 써 보세요.

7급 7획	丶 冂 冃 日 甲 里 里
里 마을 리	里 里 里 里 里 里 里
	활용한자 : 里長(이장) 洞里(동리) 鄕里(향리) 里程標(이정표)

6급 11획	一 二 干 王 玾 玾 玾 玾 珅 理 理
理 다스릴 리	理 理 理 理 理 理 理
	활용한자 : 理念(이념) 理由(이유) 理致(이치) 群衆心理(군중심리)

6급 7획	丶 二 千 禾 禾 利 利
利 이할 리	利 利 利 利 利 利 利
	활용한자 : 利用(이용) 權利(권리) 勝利(승리) 銳利(예리)

6급 7획	一 十 才 木 本 李 李
李 오얏/성 리	李 李 李 李 李 李 李
	활용한자 : 李花(이화) 李朝(이조) 桃李(도리) 張三李四(장삼이사)

4급 19획	丶 亠 ﾅ ﾅ 齐 齐 窝 离 离 离 齑 齣 齭 齭 齭 齭 齭 離 離
離 떠날 리	離 離 離 離 離 離 離
	활용한자 : 離別(이별) 離婚(이혼) 離脫(이탈) 分離(분리)

7급 8획	一 十 才 木 木 村 村 林
林 수풀 림	林 林 林 林 林 林 林
	활용한자 : 林野(임야) 密林(밀림) 樹林(수림) 國有林(국유림)

7급 8획	丶 二 亠 六 立
立 설 립	立 立 立 立 立 立 立
	활용한자 : 起立(기립) 獨立(독립) 創立(창립) 立春大吉(입춘대길)

馬~每 획순 따라 덧쓰기 연습

＊ 아래 한자의 획순을 따라 연필로 바르게 써 보세요.

5급 10획	l 厂 厂 厂 厂 馬 馬 馬 馬 馬
馬	馬　馬　馬　馬　馬　馬　馬
말 마	활용한자 : 馬車(마차)　競馬(경마)　鐵馬(철마)　竹馬故友(죽마고우)

8급 13획	一 十 十 艹 艹 艹 苩 苩 苩 萬 萬 萬 萬
萬	萬　萬　萬　萬　萬　萬　萬
일만 만	활용한자 : 萬物(만물)　萬能(만능)　萬康(만강)　萬事亨通(만사형통)

준4급 14획	丶 丶 氵 氵 汁 泔 泔 泔 泔 満 満 満 満 滿
滿	滿　滿　滿　滿　滿　滿　滿
찰 만	활용한자 : 滿朔(만삭)　滿點(만점)　充滿(충만)　欲求不滿(욕구불만)

5급 5획	一 二 丰 才 末
末	末　末　末　末　末　末　末
끝 말	활용한자 : 末年(말년)　末期(말기)　結末(결말)　末世(말세)

5급 3획	丶 一 亡
亡	亡　亡　亡　亡　亡　亡　亡
망할 망	활용한자 : 滅亡(멸망)　亡國(망국)　死亡(사망)　敗家亡身(패가망신)

5급 11획	丶 亠 亡 刣 刣 刣 胡 胡 望 望 望
望	望　望　望　望　望　望　望
바랄 망	활용한자 : 所望(소망)　慾望(욕망)　希望(희망)　野望(야망)

7급 7획	丿 二 亡 与 每 每 每
每	每　每　每　每　每　每　每
매양 매	활용한자 : 每事(매사)　每年(매년)　每回(매회)　每時間(매시간)

※ 아래 한자의 획순을 따라 연필로 바르게 써 보세요.

5급 12획	丶 冂 冖 冊 罒 罒 罒 胃 胃 冒 買 買						
買	買	買	買	買	買	買	買
살 매	활용한자 : 買入(매입) 購買(구매) 買收(매수) 買占賣惜(매점매석)						

5급 15획	一 十 士 士 吉 声 声 壱 声 声 青 壱 壱 賣 賣						
賣	賣	賣	賣	賣	賣	賣	賣
팔 매	활용한자 : 賣出(매출) 賣店(매점) 賣却(매각) 發賣(발매)						

4급 8획	乚 乄 女 女 好 奸 姉 妹						
妹	妹	妹	妹	妹	妹	妹	妹
누이 매	활용한자 : 妹夫(매부) 妹兄(매형) 妹弟(매제) 男妹(남매)						

준4급 10획	丿 几 月 月 肌 肌 肜 脈 脈 脈						
脈	脈	脈	脈	脈	脈	脈	脈
줄기 맥	활용한자 : 水脈(수맥) 山脈(산맥) 動脈(동맥) 一脈相通(일맥상통)						

4급 9획	丿 ⺈ 厃 ⺈ 名 免 免 免 勉						
勉	勉	勉	勉	勉	勉	勉	勉
힘쓸 면	활용한자 : 勉學(면학) 勉行(면행) 勉强(면강) 勤勉(근면)						

7급 9획	一 ⼀ ⼃ 丙 面 面 面 面 面						
面	面	面	面	面	面	面	面
낯 면	활용한자 : 面談(면담) 面刀(면도) 面接(면접) 四面楚歌(사면초가)						

7급 6획	丿 ⼃ 夕 夕 名 名						
名	名	名	名	名	名	名	名
이름 명	활용한자 : 姓名(성명) 名單(명단) 名曲(명곡) 名稱(명칭)						

＊아래 한자의 획순을 따라 연필로 바르게 써 보세요.

7급 8획	ノ 人 へ 今 合 合 命 命						
命	命	命	命	命	命	命	命
목숨 명	활용한자 : 生命(생명) 延命(연명) 命令(명령) 運命(운명)						

6급 8획	亅 冂 月 日 明 明 明 明						
明	明	明	明	明	明	明	明
밝을 명	활용한자 : 明朗(명랑) 明暗(명암) 明示(명시) 不明(불명)						

4급 14획	ㅣ 冂 口 口' 叮 吩 吩 唣 唣 鳴 鳴 鳴 鳴						
鳴	鳴	鳴	鳴	鳴	鳴	鳴	鳴
울 명	활용한자 : 鳴鼓(명고) 悲鳴(비명) 自鳴鐘(자명종) 耳鳴(이명)						

8급 5획	乚 乆 母 母 母						
母	母	母	母	母	母	母	母
어미 모	활용한자 : 生母(생모) 産母(산모) 乳母(유모) 賢母良妻(현모양처)						

준4급 14획	ノ ニ 三 毛						
毛	毛	毛	毛	毛	毛	毛	毛
털 모	활용한자 : 毛髮(모발) 毛皮(모피) 毛織(모직) 羊毛(양모)						

4급 15획	一 十 オ 木 木 术 杧 栌 栌 栌 桓 椹 椹 模 模						
模	模	模	模	模	模	模	模
본뜰 모	활용한자 : 模倣(모방) 模樣(모양) 模擬(모의) 模造品(모조품)						

8급 4획	一 十 才 木						
木	木	木	木	木	木	木	木
나무 목	활용한자 : 木材(목재) 木刻(목각) 木手(목수) 古木(고목)						

* 아래 한자의 획순을 따라 연필로 바르게 써 보세요.

6급 5획	ㅣ ㄇ ㅔ 目 目
目	目 目 目 目 目 目 目
눈 목	활용한자 : 目擊(목격) 目次(목차) 科目(과목) 圖書目錄(도서목록)

준4급 8획	ㅣ ㅓ ㅓ ㅓ 牛 牜 牧 牧
牧	牧 牧 牧 牧 牧 牧 牧
칠 목	활용한자 : 牧場(목장) 放牧(방목) 牧童(목동) 牧民心書(목민심서)

4급 7획	ㄑ ㄥ 女 妙 妙 妙 妙
妙	妙 妙 妙 妙 妙 妙 妙
묘할 묘	활용한자 : 妙味(묘미) 妙手(묘수) 妙策(묘책) 奇妙(기묘)

4급 14획	一 十 卄 艹 芇 芇 莆 苩 莫 莫 莫 墓 墓 墓
墓	墓 墓 墓 墓 墓 墓 墓
무덤 묘	활용한자 : 墓所(묘소) 墓碑(묘비) 省墓(성묘) 國立墓地(국립묘지)

준4급 8획	一 二 干 干 武 武 武 武
武	武 武 武 武 武 武 武
호반 무	활용한자 : 武功(무공) 武人(무인) 光武(광무) 化學武器(화학무기)

준4급 11획	ㄱ ㄲ ㅈ 子 矛 矛 矛 矜 矜 務 務
務	務 務 務 務 務 務 務
힘쓸 무	활용한자 : 勞務(노무) 任務(임무) 服務(복무) 公務員(공무원)

5급 12획	ㅣ ㅑ ㅕ ㅑ 乍 無 無 無 無 無 無 無
無	無 無 無 無 無 無 無
없을 무	활용한자 : 無能(무능) 無力(무력) 無職(무직) 莫無可奈(막무가내)

＊아래 한자의 획순을 따라 연필로 바르게 써 보세요.

4급 14획	ノ ㇒ ㇒ ㇒ 午 秊 舞 舞 舞 舞 舞 舞 舞 舞						
舞 춤출 무	활용한자：歌舞(가무)　鼓舞(고무)　僧舞(승무)　獨舞臺(독무대)	舞	舞	舞	舞	舞	舞

8급 8획	l ㇆ ㇁ ㇁ ㇁ 門 門 門						
門 문 문	활용한자：大門(대문)　窓門(창문)　正門(정문)　門前成市(문전성시)	門	門	門	門	門	門

7급 11획	l ㇆ ㇁ ㇁ ㇁ 門 門 門 門 問 問						
問 물을 문	활용한자：問答(문답)　說問(설문)　檢問(검문)　東問西答(동문서답)	問	問	問	問	問	問

6급 14획	l ㇆ ㇁ ㇁ ㇁ 門 門 門 門 門 門 聞 聞						
聞 들을 문	활용한자：見聞(견문)　新聞(신문)　風聞(풍문)　今始初聞(금시초문)	聞	聞	聞	聞	聞	聞

7급 4획	㇔ 一 ナ 文						
文 글월 문	활용한자：漢文(한문)　文字(문자)　文法(문법)　國文學(국문학)	文	文	文	文	文	文

7급 8획	ノ ㇒ 牛 牛 牛 物 物 物						
物 물건 물	활용한자：物件(물건)　物品(물품)　物質(물질)　動物(동물)	物	物	物	物	物	物

6급 6획	㇔ ㇔ 丷 半 米 米						
米 쌀 미	활용한자：米穀(미곡)　白米(백미)　精米所(정미소)　供養米(공양미)	米	米	米	米	米	米

* 아래 한자의 획순을 따라 연필로 바르게 써 보세요.

4급 5획	`一 二 十 才 未`						
未	未	未	未	未	未	未	未
아닐 미	활용한자 : 未熟(미숙) 未納(미납) 未達(미달) 未成年(미성년)						

준4급 8획	`丨 冂 口 叮 叮 吽 味 味`						
味	味	味	味	味	味	味	味
맛 미	활용한자 : 甘味(감미) 吟味(음미) 別味(별미) 五味子(오미자)						

6급 9획	`丶 丷 ⺌ ⺍ ¥ 羊 美 美 美`						
美	美	美	美	美	美	美	美
아름다울 미	활용한자 : 美人(미인) 美術(미술) 美德(미덕) 曲線美(곡선미)						

8급 5획	`ㄱ ㄱ ㄹ 民 民`						
民	民	民	民	民	民	民	民
백성 민	활용한자 : 民間(민간) 民謠(민요) 民衆(민중) 失鄕民(실향민)						

준4급 11획	`丶 ⺊ 宀 宀 宓 宓 宓 宓 密 密`						
密	密	密	密	密	密	密	密
빽빽할 밀	활용한자 : 密着(밀착) 密室(밀실) 密談(밀담) 周到綿密(주도면밀)						

6급 6획	`一 十 才 木 朴 朴`						
朴	朴	朴	朴	朴	朴	朴	朴
순박할/성 박	활용한자 : 淳朴(순박) 素朴(소박) 質朴(질박) 朴僉知(박첨지)						

4급 8획	`一 十 才 扌 扚 扚 拍 拍`						
拍	拍	拍	拍	拍	拍	拍	拍
칠 박	활용한자 : 拍手(박수) 拍子(박자) 拍車(박차) 拍掌大笑(박장대소)						

＊아래 한자의 획순을 따라 연필로 바르게 써 보세요.

준4급 12획	一 十 忄 忄 忄 博 博 博 博 博 博 博
博	博 博 博 博 博 博 博
넓을 박	활용한자 : 博識(박식) 博愛(박애) 博物館(박물관) 博學多識(박학다식)

6급 4획	一 厂 厅 反
反	反 反 反 反 反 反 反
돌이킬 반	활용한자 : 反省(반성) 反感(반감) 反射(반사) 反論(반론)

6급 5획	′ ′ ′ ′ ′ 半
半	半 半 半 半 半 半 半
반 반	활용한자 : 折半(절반) 半球(반구) 半月(반월) 半萬年(반만년)

6급 10획	′ ′ 二 F 王 王 珏 珏 班 班 班
班	班 班 班 班 班 班 班
나눌 반	활용한자 : 兩班(양반) 班村(반촌) 班長(반장) 班常會(반상회)

6급 12획	′ ⁊ ˇ ˇ ˇ ˇ ˇ ˇ 癶 發 發 發 發
發	發 發 發 發 發 發 發
필 발	활용한자 : 發展(발전) 發達(발달) 發明(발명) 揮發油(휘발유)

4급 15획	′ ′ ′ F F F 탈 탈 髟 髟 髟 髟 髮 髮
髮	髮 髮 髮 髮 髮 髮 髮
터럭 발	활용한자 : 毛髮(모발) 假髮(가발) 理髮(이발) 身體髮膚(신체발부)

7급 4획	′ 一 方 方
方	方 方 方 方 方 方 方
모 방	활용한자 : 方法(방법) 方式(방식) 地方(지방) 行方不明(행방불명)

＊ 아래 한자의 획순을 따라 연필로 바르게 써 보세요.

준4급 8획	`丶ㄣㅋ户户户房房`
房 방 방	활용한자: 暖房(난방) 房門(방문) 册房(책방) 福德房(복덕방)

준4급 7획	`ㄱㄱㅓㅏㅏ阝阝阝阝防防`
防 막을 방	활용한자: 防水(방수) 豫防(예방) 防毒面(방독면) 國防部(국방부)

6급 8획	`丶一ㅋ方方放放放放`
放 놓을 방	활용한자: 放學(방학) 釋放(석방) 放生(방생) 開放經濟(개방경제)

준4급 11획	`丶一ㄣㅓㅓ言言訪訪訪訪`
訪 찾을 방	활용한자: 訪問(방문) 來訪(내방) 巡訪(순방) 戶別訪問(호별방문)

4급 7획	`ㄥ女女女妒妒妨`
妨 방해할 방	활용한자: 妨害(방해) 妨電(방전) 無妨(무방) 妨碍(방애)

준4급 9획	`丶一三手手手手拜拜`
拜 절 배	활용한자: 歲拜(세배) 參拜(참배) 崇拜(숭배) 禮拜(예배)

5급 10획	`丿亻亻亻仁仵倍倍倍倍`
倍 곱 배	활용한자: 倍加(배가) 倍率(배율) 倍數(배수) 勇氣百倍(용기백배)

配~罰 획순 따라 덧쓰기 연습

＊ 아래 한자의 획순을 따라 연필로 바르게 써 보세요.

준4급 10획	一 丆 冇 両 西 西 酉 酉' 酉' 配
配	配　配　配　配　配　配　配
나눌/짝 배	활용한자 : 分配(분배)　配達(배달)　配匹(배필)　配偶者(배우자)

준4급 9획	丨 ⺄ ⺈ ⺈ 北 背 背 背 背
背	背　背　背　背　背　背　背
등 배	활용한자 : 背景(배경)　背反(배반)　背後(배후)　背恩忘德(배은망덕)

8급 5획	丿 亻 白 白 白
白	白　白　白　白　白　白　白
흰 백	활용한자 : 白馬(백마)　白蔘(백삼)　白日(백일)　白衣從軍(백의종군)

7급 6획	一 丆 丆 丆 百 百
百	百　百　百　百　百　百　百
일백 백	활용한자 : 百方(백방)　百年(백년)　百貨店(백화점)　百發百中(백발백중)

6급 12획	丿 ⺈ ⺅ ⺥ 平 平 采 采 番 番 番 番
番	番　番　番　番　番　番　番
차례 번	활용한자 : 番號(번호)　番地(번지)　軍番(군번)　郵便番號(우편번호)

준4급 6획	丿 亻 伀 代 伐 伐
伐	伐　伐　伐　伐　伐　伐　伐
칠 벌	활용한자 : 伐草(벌초)　伐木(벌목)　殺伐(살벌)　征伐(정벌)

준4급 14획	丶 ⼌ ⼌ 罒 罒 罒 罒 罰 罰 罰 罰 罰 罰 罰
罰	罰　罰　罰　罰　罰　罰　罰
벌할 벌	활용한자 : 刑罰(형벌)　罰金(벌금)　嚴罰(엄벌)　罰科金(벌과금)

＊아래 한자의 획순을 따라 연필로 바르게 써 보세요.

4급 5획	ノ ｨ ｲ ｵ 犯 犯						
犯	犯	犯	犯	犯	犯	犯	犯
범할 범	활용한자：犯罪(범죄) 犯人(범인) 初犯(초범) 强盜犯(강도범)						

4급 15획	ノ ⺮ ⺮ ⺮ ⺮ ⺮ ⺮ ⺮ 笁 筲 筲 範 範 範						
範	範	範	範	範	範	範	範
법 범	활용한자：敎範(교범) 規範(규범) 模範(모범) 率先垂範(솔선수범)						

5급 8획	｀ ｀ ｼ ｼ ｼ 注 注 法 法						
法	法	法	法	法	法	法	法
법 법	활용한자：法官(법관) 法廷(법정) 法院(법원) 法規(법규)						

준4급 16획	｀ ｀ ｱ ｹ ｹ 启 启 启 辟 辟 辟 辟 辟 壁 壁						
壁	壁	壁	壁	壁	壁	壁	壁
벽 벽	활용한자：城壁(성벽) 壁畵(벽화) 障壁(장벽) 壁報(벽보)						

5급 23획	｀ ｀ ｆ ｰ ｰ ｻ ｺ ｺ 結 結 結 結 結 絲 絲 絲 絲 絲 變 變 變						
變	變	變	變	變	變	變	變
변할 변	활용한자：變動(변동) 變遷(변천) 臨機應變(임기응변) 臨時變通(임시변통)						

4급 21획	｀ ｀ ｆ ｰ ｰ ｹ ｹ ｹ ｹ ｹ 辛 辟 辟 辟 辟 辟 辟 辯 辯 辯						
辯	辯	辯	辯	辯	辯	辯	辯
말씀 변	활용한자：達辯(달변) 辯論(변론) 雄辯(웅변) 辯護士(변호사)						

준4급 19획	｀ ｲ ㅁ ㅁ ㅁ 白 白 白 自 良 良 良 息 息 息 湯 湯 湯 邊						
邊	邊	邊	邊	邊	邊	邊	邊
가 변	활용한자：江邊(강변) 路邊(노변) 身邊(신변) 多邊化(다변화)						

＊ 아래 한자의 획순을 따라 연필로 바르게 써 보세요.

6급 7획	` ⼝ ⼝ 号 另 別 別						
別	別	別	別	別	別	別	別
다를/나눌 별	활용한자 : 別個(별개) 識別(식별) 千差萬別(천차만별) 特別(특별)						

6급 10획	` ⼀ 广 广 疒 疒 疒 病 病 病						
病	病	病	病	病	病	病	病
병 병	활용한자 : 病院(병원) 病菌(병균) 看病(간병) 職業病(직업병)						

5급 7획	⼀ 广 ⼧ 斤 丘 兵 兵						
兵	兵	兵	兵	兵	兵	兵	兵
병사 병	활용한자 : 將兵(장병) 兵士(병사) 兵器(병기) 兵務廳(병무청)						

준4급 9획	ノ 亻 个 伫 俨 俨 伃 伒 保						
保	保	保	保	保	保	保	保
지킬 보	활용한자 : 保管(보관) 保釋(보석) 保健(보건) 安全保障(안전보장)						

준4급 7획	⼀ ⼘ ⼞ ⾇ 少 步 步						
步	步	步	步	步	步	步	步
걸음 보	활용한자 : 步行(보행) 步道(보도) 步幅(보폭) 橫斷步道(횡단보도)						

준4급 12획	⼀ ⼗ ⼟ 幸 幸 幸 幸 幸 幸 靪 報 報						
報	報	報	報	報	報	報	報
갚을/알릴 보	활용한자 : 報復(보복) 報酬(보수) 弘報(홍보) 大字報(대자보)						

4급 12획	` ⼝ ⼧ ⼧ 兰 並 普 普 普 普						
普	普	普	普	普	普	普	普
넓을 보	활용한자 : 普及(보급) 普施(보시) 普通(보통) 普信閣(보신각)						

＊아래 한자의 획순을 따라 연필로 바르게 써 보세요.

준4급 20획	` 丶 宀 宀 宀 宀 宀 宀 宀 宀 宀 寍 寍 寶 寶 寶 寶 寶						
寶	寶	寶	寶	寶	寶	寶	寶
보배 보	활용한자: 寶石(보석) 寶劍(보검) 國寶(국보) 常平通寶(상평통보)						

5급 14획	一 亠 亍 礻 礻 礻 礻 礻 礻 福 福 福 福						
福	福	福	福	福	福	福	福
복 복	활용한자: 冥福(명복) 飮福(음복) 福祉(복지) 景福宮(경복궁)						

4급 6획	ノ 亻 亻 仕 伏 伏						
伏	伏	伏	伏	伏	伏	伏	伏
엎드릴 복	활용한자: 降伏(항복) 初伏(초복) 伏流(복류) 哀乞伏乞(애걸복걸)						

6급 8획	ノ 刀 月 月 肝 服 服 服						
服	服	服	服	服	服	服	服
옷 복	활용한자: 服裝(복장) 洋服(양복) 軍服(군복) 作業服(작업복)						

준4급 12획	´ 彳 彳 彳 彳 㣇 彳 彳 彳 復 復 復						
復	復	復	復	復	復	復	復
회복할 복/다시 부	활용한자: 復舊(복구) 復學(복학) 復活(부활) 復興(부흥)						

4급 14획	` ㇇ 礻 礻 礻 礻 礻 礻 裆 裆 裆 裆 複 複						
複	複	複	複	複	複	複	複
겹칠 복	활용한자: 複線(복선) 複製(복제) 複寫版(복사판) 複雜多端(복잡다단)						

6급 5획	一 十 才 木 本						
本	本	本	本	本	本	本	本
근본 본	활용한자: 根本(근본) 本能(본능) 本論(본론) 見本(견본)						

＊아래 한자의 획순을 따라 연필로 바르게 써 보세요.

5급 8획	一 二 三 声 夫 夫 委 奉						
奉	奉	奉	奉	奉	奉	奉	奉
받들 봉	활용한자 : 奉養(봉양) 奉仕(봉사) 奉祝(봉축) 滅私奉公(멸사봉공)						

7급 4획	一 二 尹 夫						
夫	夫	夫	夫	夫	夫	夫	夫
지아비 부	활용한자 : 農夫(농부) 漁夫(어부) 大丈夫(대장부) 士大夫(사대부)						

8급 4획	ノ ハ グ 父						
父	父	父	父	父	父	父	父
아비 부	활용한자 : 父母(부모) 父系(부계) 家父長(가부장) 父子有親(부자유친)						

준4급 12획	` ` 宀 宀 宁 宁 官 宫 富 富 富 富						
富	富	富	富	富	富	富	富
부자 부	활용한자 : 富者(부자) 富强(부강) 富貴榮華(부귀영화) 富國强兵(부국강병)						

6급 11획	` 宀 宀 글 글 产 音 音 音 音 部 部						
部	部	部	部	部	部	部	部
떼/거느릴 부	활용한자 : 軍部(군부) 部族(부족) 部落(부락) 大部分(대부분)						

준4급 11획	く 乡 女 女' 女' 女' 女' 好 好 婦 婦						
婦	婦	婦	婦	婦	婦	婦	婦
며느리 부	활용한자 : 夫婦(부부) 婦人(부인) 主婦(주부) 老夫婦(노부부)						

4급 7획	一 丆 オ 不 不 否 否						
否	否	否	否	否	否	否	否
아닐 부	활용한자 : 否認(부인) 否定(부정) 拒否權(거부권) 曰可曰否(왈가왈부)						

※ 아래 한자의 획순을 따라 연필로 바르게 써 보세요.

준4급 8획	丶 亠 广 广 庁 庁 府 府
府 마을/관청 부	활용한자 : 府君(부군) 府內(부내) 學府(학부) 臨時政府(임시정부)

4급 9획	丿 ⺈ ⼎ 乃 角 角 育 負 負
負 질 부	활용한자 : 負擔(부담) 負役(부역) 抱負(포부) 自負心(자부심)

준4급 11획	一 一 亍 百 百 百 畐 畐 畐 副 副
副 버금 부	활용한자 : 副業(부업) 副賞(부상) 副教授(부교수) 副産物(부산물)

8급 5획	丨 丬 寸 北 北
北 북녘 북/달아날 배	활용한자 : 北極(북극) 北韓(북한) 敗北(패배) 北斗七星(북두칠성)

6급 4획	丿 八 今 分
分 나눌 분	활용한자 : 分校(분교) 分配(분배) 分數(분수) 大部分(대부분)

4급 10획	丶 丷 ⺍ 二 半 米 米 半 粉 粉
粉 가루 분	활용한자 : 粉末(분말) 粉筆(분필) 粉食(분식) 粉靑沙器(분청사기)

4급 15획	丶 丶 忄 忄 忄 忄 忄 忄 愭 愭 愭 憤 憤 憤
憤 분할 분	활용한자 : 激憤(격분) 憤痛(분통) 憤怒(분노) 憤慨(분개)

不~鼻 획순 따라 덧쓰기 연습

＊아래 한자의 획순을 따라 연필로 바르게 써 보세요.

7급 4획	一 フ ア 不
不	不 不 不 不 不 不 不
아닐 불/부	활용한자: 不滿(불만) 不實(부실) 不德(부덕) 不均衡(불균형)

준4급 7획	ノ 亻 亻 亻 侣 佛 佛
佛	佛 佛 佛 佛 佛 佛 佛
부처 불	활용한자: 佛敎(불교) 佛供(불공) 佛經(불경) 佛國寺(불국사)

5급 4획	一 ヒ ヒ 比
比	比 比 比 比 比 比 比
견줄 비	활용한자: 比較(비교) 比率(비율) 對比(대비) 反比例(반비례)

준4급 8획	ノ 丿 刂 刂 韭 非 非 非
非	非 非 非 非 非 非 非
아닐 비	활용한자: 非難(비난) 非情(비정) 非賣品(비매품) 似而非(사이비)

준4급 12획	ノ 丿 刂 刂 韭 非 非 非 悲 悲 悲
悲	悲 悲 悲 悲 悲 悲 悲
슬플 비	활용한자: 悲哀(비애) 悲劇(비극) 悲痛(비통) 無慈悲(무자비)

준4급 9획	乀 乁 乁 乁 飞 飛 飛 飛 飛
飛	飛 飛 飛 飛 飛 飛 飛
날 비	활용한자: 飛上(비상) 飛躍(비약) 飛行(비행) 烏飛梨落(오비이락)

5급 14획	′ 亻 冂 甶 甶 甶 皀 鳥 鳥 鳥 畠 畠 鼻 鼻
鼻	鼻 鼻 鼻 鼻 鼻 鼻 鼻
코 비	활용한자: 鼻音(비음) 鼻聲(비성) 鼻炎(비염) 耳目口鼻(이목구비)

備~氷 획순 따라 덧쓰기 연습

＊아래 한자의 획순을 따라 연필로 바르게 써 보세요.

준4급 12획	ノ亻仁仁竹竹俏俏備備備備
備 갖출 비	備 備 備 備 備 備 備 활용한자 : 具備(구비) 備蓄(비축) 準備(준비) 有備無患(유비무환)

4급 7획	一十才才才批批
批 비평할 비	批 批 批 批 批 批 批 활용한자 : 批評(비평) 批判(비판) 批准(비준) 批答(비답)

4급 13획	一丆丆石石石'矿矿砷砷碑碑
碑 비석 비	碑 碑 碑 碑 碑 碑 碑 활용한자 : 碑石(비석) 墓碑(묘비) 記念碑(기념비) 忠魂碑(충혼비)

4급 10획	一二千千禾禾利秘秘秘
秘 숨길 비	秘 秘 秘 秘 秘 秘 秘 활용한자 : 秘密(비밀) 秘訣(비결) 秘法(비법) 默秘權(묵비권)

5급 12획	一二弓弗弗弗弗費費費費費
費 쓸 비	費 費 費 費 費 費 費 활용한자 : 費用(비용) 雜費(잡비) 旅費(여비) 消費者(소비자)

준4급 11획	ノ八分分价谷谷貧貧貧貧
貧 가난할 빈	貧 貧 貧 貧 貧 貧 貧 활용한자 : 貧困(빈곤) 貧富(빈부) 貧窮(빈궁) 貧益貧富益富(빈익빈부익부)

5급 5획	丿刁水水氷
氷 얼음 빙	氷 氷 氷 氷 氷 氷 氷 활용한자 : 氷水(빙수) 氷壁(빙벽) 解氷(해빙) 石氷庫(석빙고)

四~舍 획순 따라 덧쓰기 연습

＊ 아래 한자의 획순을 따라 연필로 바르게 써 보세요.

8급 5획	丶 冂 冂 四 四						
四	四	四	四	四	四	四	四
넉 사	활용한자 : 四季(사계) 四寸(사촌) 四君子(사군자) 朝三暮四(조삼모사)						

5급 3획	一 十 士						
士	士	士	士	士	士	士	士
선비 사	활용한자 : 講士(강사) 博士(박사) 武士(무사) 天下壯士(천하장사)						

5급 5획	丿 亻 仁 什 仕						
仕	仕	仕	仕	仕	仕	仕	仕
섬길 사	활용한자 : 奉仕(봉사) 仕途(사도) 仕路(사로) 出仕(출사)						

준4급 6획	一 十 土 圭 寺 寺						
寺	寺	寺	寺	寺	寺	寺	寺
절 사	활용한자 : 寺刹(사찰) 山寺(산사) 寺院(사원) 佛國寺(불국사)						

5급 5획	丶 冂 口 史 史						
史	史	史	史	史	史	史	史
사기 사	활용한자 : 歷史(역사) 國史(국사) 史記(사기) 史書(사서)						

6급 8획	丿 亻 仁 仁 佰 佰 使 使						
使	使	使	使	使	使	使	使
하여금/부릴 사	활용한자 : 使臣(사신) 使用(사용) 使節團(사절단) 觀察使(관찰사)						

준4급 8획	丿 人 人 合 合 合 舍 舍						
舍	舍	舍	舍	舍	舍	舍	舍
집 사	활용한자 : 舍宅(사택) 舍監(사감) 寄宿舍(기숙사) 綜合廳舍(종합청사)						

射~思 획순 따라 덧쓰기 연습

※ 아래 한자의 획순을 따라 연필로 바르게 써 보세요.

4급 10획	´ ´ ´ ´ ´ ´ ´ ´ ´ 射 射						
射	射	射	射	射	射	射	射
쏠 사	활용한자 : 射擊(사격)　射手(사수)　反射(반사)　放射能(방사능)						

준4급 17획	´ ´ ´ ´ ´ ´ ´ ´ ´ ´ ´ ´ ´ ´ ´-謝 謝						
謝	謝	謝	謝	謝	謝	謝	謝
사례할 사	활용한자 : 謝過(사과)　謝禮(사례)　謝罪(사죄)　感謝節(감사절)						

준4급 10획	´ ´ ´ ´ ´ ´ ´ 師 師						
師	師	師	師	師	師	師	師
스승 사	활용한자 : 師父(사부)　師弟(사제)　恩師(은사)　教師(교사)						

6급 6획	一 ´ ´ ´ ´ 死						
死	死	死	死	死	死	死	死
죽을 사	활용한자 : 死亡(사망)　戰死(전사)　死傷者(사상자)　起死回生(기사회생)						

4급 7획	´ ´ ´ ´ ´ 私 私						
私	私	私	私	私	私	私	私
사사로울 사	활용한자 : 私談(사담)　私費(사비)　私設(사설)　私利私慾(사리사욕)						

4급 12획	´ ´ ´ ´ ´ ´ ´ 絲 絲 絲 絲 絲						
絲	絲	絲	絲	絲	絲	絲	絲
실 사	활용한자 : 綿絲(면사)　絹絲(견사)　原絲(원사)　鐵絲(철사)						

5급 9획	´ ´ ´ ´ ´ ´ 思 思 思						
思	思	思	思	思	思	思	思
생각 사	활용한자 : 思考(사고)　思想(사상)　思慮(사려)　思春期(사춘기)						

＊ 아래 한자의 획순을 따라 연필로 바르게 써 보세요.

7급 8획	一 𠃋 𠃊 𠂤 写 写 写 事
事 일 사	事 事 事 事 事 事 事
활용한자 : 事業(사업) 事件(사건) 事案(사안) 事務長(사무장)	

6급 8획	一 亠 亍 示 示 和 社 社
社 모일 사	社 社 社 社 社 社 社
활용한자 : 會社(회사) 社交(사교) 社員(사원) 出版社(출판사)	

5급 9획	一 十 才 木 木 杏 杏 杳 查
查 조사할 사	查 查 查 查 查 查 查
활용한자 : 監査(감사) 考査(고사) 搜査(수사) 監査院(감사원)	

5급 15획	丶 丶 宀 宀 宀 宀 宀 宙 宙 宮 寫 寫 寫 寫 寫
寫 베낄 사	寫 寫 寫 寫 寫 寫 寫
활용한자 : 複寫(복사) 謄寫(등사) 寫眞(사진) 寫本(사본)	

4급 19획	丶 丶 宀 宀 宀 宀 宀 宀 宀 宀 宀 宀 宀 辭 辭 辭 辭 辭 辭
辭 말씀 사	辭 辭 辭 辭 辭 辭 辭
활용한자 : 答辭(답사) 辭讓(사양) 讚辭(찬사) 主禮辭(주례사)	

8급 3획	丨 山 山
山 메 산	山 山 山 山 山 山 山
활용한자 : 野山(야산) 山脈(산맥) 白頭山(백두산) 金剛山(금강산)	

5급 11획	丶 亠 亠 产 立 产 产 产 产 產 產
産 낳을 산	産 産 産 産 産 産 産
활용한자 : 産苦(산고) 産母(산모) 農産物(농산물) 注文生産(주문생산)	

* 아래 한자의 획순을 따라 연필로 바르게 써 보세요.

4급 12획	一 十 廿 甘 甘 甘 背 背 背 散 散
散	散 散 散 散 散 散 散
흩을 산	활용한자 : 散漫(산만) 散髮(산발) 散亂(산란) 分散(분산)

7급 14획	ノ ト ト ト ト ト ト 竹 竹 笛 笛 管 算 算
算	算 算 算 算 算 算 算
셈 산	활용한자 : 算數(산수) 決算(결산) 加算(가산) 利害打算(이해타산)

준4급 11획	ノ メ 二 宇 辛 辛 柔 柔 柔 殺 殺
殺	殺 殺 殺 殺 殺 殺 殺
죽일 살/감할 쇄	활용한자 : 殺菌(살균) 殺生(살생) 殺到(쇄도) 相殺(상쇄)

8급 3획	一 二 三
三	三 三 三 三 三 三 三
석 삼	활용한자 : 三經(삼경) 三韓(삼한) 三次元(삼차원) 三國志(삼국지)

7급 3획	丨 卜 上
上	上 上 上 上 上 上 上
위 상	활용한자 : 上下(상하) 上官(상관) 最上級(최상급) 雪上加霜(설상가상)

준4급 11획	丶 丷 丷 冖 告 告 常 常 常 常 常
常	常 常 常 常 常 常 常
떳떳할 상	활용한자 : 常識(상식) 常設(상설) 常習(상습) 人之常情(인지상정)

5급 15획	丶 丷 丷 冖 告 告 告 常 常 賞 賞 賞 賞 賞
賞	賞 賞 賞 賞 賞 賞 賞
상줄 상	활용한자 : 賞狀(상장) 賞牌(상패) 受賞(수상) 賞與金(상여금)

商~狀 획순 따라 덧쓰기 연습

＊ 아래 한자의 획순을 따라 연필로 바르게 써 보세요.

5급 11획	丶 亠 产 产 产 产 商 商 商 商
商	商　商　商　商　商　商　商
장사 상	활용한자 : 商街(상가)　商店(상점)　商號(상호)　都賣商(도매상)

5급 9획	一 十 才 木 朹 机 相 相 相
相	相　相　相　相　相　相　相
서로 상	활용한자 : 相談(상담)　相互(상호)　相對性(상대성)　相乘作用(상승작용)

준4급 13획	一 十 才 木 朹 机 相 相 相 相 想 想 想
想	想　想　想　想　想　想　想
생각 상	활용한자 : 想念(상념)　感想(감상)　想像(상상)　理想型(이상형)

4급 13획	丿 亻 亻 亻 仵 作 倬 倬 停 傷 傷 傷 傷
傷	傷　傷　傷　傷　傷　傷　傷
다칠 상	활용한자 : 傷處(상처)　負傷(부상)　損傷(손상)　致命傷(치명상)

준4급 7획	丶 亠 广 户 庄 床 床
床	床　床　床　床　床　床　床
평상 상	활용한자 : 冊床(책상)　兼床(겸상)　飯床器(반상기)　酒案床(주안상)

4급 12획	丿 夕 夕 夕 免 免 免 象 象 象 象 象
象	象　象　象　象　象　象　象
코끼리 상	활용한자 : 象牙(상아)　象徵(상징)　氣象臺(기상대)　象形文字(상형문자)

준4급 8획	丿 丬 丬 爿 狀 狀 狀 狀
狀	狀　狀　狀　狀　狀　狀　狀
형상 상/문서 장	활용한자 : 現狀(현상)　狀況(상황)　令狀(영장)　年賀狀(연하장)

色~夕 획순 따라 덧쓰기 연습

＊아래 한자의 획순을 따라 연필로 바르게 써 보세요.

7급 6획	ノ ク ク ク 多 色						
色	色	色	色	色	色	色	色
빛 색	활용한자 : 彩色(채색)　原色(원색)　色盲(색맹)　各樣各色(각양각색)						

8급 5획	ノ ヒ 仁 牛 生						
生	生	生	生	生	生	生	生
날 생	활용한자 : 生物(생물)　生氣(생기)　先生(선생)　卒業生(졸업생)						

8급 6획	一 丆 丙 兀 西 西						
西	西	西	西	西	西	西	西
서녘 서	활용한자 : 西洋(서양)　嶺西(영서)　西域(서역)　東問西答(동문서답)						

5급 7획	` 亠 广 户 户 序 序						
序	序	序	序	序	序	序	序
차례 서	활용한자 : 序列(서열)　序幕(서막)　序論(서론)　無秩序(무질서)						

6급 10획	¬ ㄱ ㅋ ㅋ 聿 書 書 書 書 書						
書	書	書	書	書	書	書	書
글 서	활용한자 : 書堂(서당)　書類(서류)　願書(원서)　牧民心書(목민심서)						

6급 5획	一 ア 不 石 石						
石	石	石	石	石	石	石	石
돌 석	활용한자 : 石柱(석주)　石佛(석불)　石油(석유)　他山之石(타산지석)						

7급 3획	ノ ク 夕						
夕	夕	夕	夕	夕	夕	夕	夕
저녁 석	활용한자 : 夕刊(석간)　秋夕(추석)　朝變夕改(조변석개)　一朝一夕(일조일석)						

제63차 席~船 획순 따라 덧쓰기 연습

✽ 아래 한자의 획순을 따라 연필로 바르게 써 보세요.

6급 10획	一 厂 尸 尸 尸 庐 庐 席 席 席
席 자리 석	席 席 席 席 席 席 席
	활용한자 : 座席(좌석) 客席(객석) 出席(출석) 坐不安席(좌불안석)

8급 6획	丿 一 牛 生 步 先
先 먼저 선	先 先 先 先 先 先 先
	활용한자 : 先生(선생) 先輩(선배) 先給(선급) 優先權(우선권)

5급 5획	丿 亻 仚 仙 仙
仙 신선 선	仙 仙 仙 仙 仙 仙 仙
	활용한자 : 神仙(신선) 仙女(선녀) 仙鶴(선학) 鳳仙花(봉선화)

6급 15획	乙 幺 幺 幺 糸 糸 糸 紅 紅 紵 絹 絹 絹 線 線 線
線 줄 선	線 線 線 線 線 線 線
	활용한자 : 線路(선로) 路線(노선) 光線(광선) 有線放送(유선방송)

5급 17획	丿 ク 凸 勺 各 角 甶 魚 魚 魚 魚 魚 魚 鮮 鮮 鮮 鮮
鮮 고울 선	鮮 鮮 鮮 鮮 鮮 鮮 鮮
	활용한자 : 鮮明(선명) 新鮮(신선) 生鮮(생선) 朝鮮(조선)

5급 12획	丶 ソ 广 半 兰 羊 羊 盖 盖 善 善 善
善 착할 선	善 善 善 善 善 善 善
	활용한자 : 善人(선인) 善惡(선악) 最善(최선) 多多益善(다다익선)

5급 11획	丿 亅 月 月 月 舟 舟 舡 船 船 船
船 배 선	船 船 船 船 船 船 船
	활용한자 : 船舶(선박) 船長(선장) 艦船(함선) 造船所(조선소)

＊아래 한자의 획순을 따라 연필로 바르게 써 보세요.

5급 16획	선 선 순 순 严 严 严 巽 巽 巽 巽 巽 選 選 選
選 가릴 선	활용한자 : 選別(선별) 選擇(선택) 當選(당선) 補闕選擧(보궐선거)

4급 9획	선 순 순 순 守 守 宦 宣 宣
宣 베풀 선	활용한자 : 宣敎(선교) 宣告(선고) 宣揚(선양) 宣言文(선언문)

6급 11획	선 선 선 卢 雷 雷 雷 雷 雪 雪 雪
雪 눈 설	활용한자 : 雪原(설원) 白雪(백설) 雪景(설경) 螢雪之功(형설지공)

5급 14획	선 순 순 순 순 言 言 言 計 訙 訙 訙 診 說
說 말씀 설/달랠 세	활용한자 : 說明(설명) 說得(설득) 遊說(유세) 甘言利說(감언이설)

준4급 11획	선 순 순 순 순 言 言 言 訊 設 設
設 베풀 설	활용한자 : 常設(상설) 設立(설립) 設定(설정) 建設(건설)

4급 6획	선 二 千 千 舌 舌
舌 혀 설	활용한자 : 舌戰(설전) 舌端(설단) 毒舌(독설) 口舌數(구설수)

7급 8획	선 女 女 女 女 姓 姓 姓
姓 성 성	활용한자 : 姓氏(성씨) 姓名(성명) 通姓名(통성명) 同姓同本(동성동본)

性~星 획순 따라 덧쓰기 연습

＊ 아래 한자의 획순을 따라 연필로 바르게 써 보세요.

5급 8획	` ` ` ` ` ` 忄 忄 忄 忄 性 性
性	性　性　性　性　性　性
성품 성	활용한자：性格(성격)　性質(성질)　個性(개성)　妥當性(타당성)

6급 7획	) 厂 厂 万 成 成 成
成	成　成　成　成　成　成
이룰 성	활용한자：成就(성취)　成立(성립)　成熟(성숙)　語不成說(어불성설)

준4급 10획	一 十 土 圴 圫 圫 城 城 城 城
城	城　城　城　城　城　城
재 성	활용한자：城郭(성곽)　城樓(성루)　城壁(성벽)　萬里長城(만리장성)

준4급 14획	` 亠 亠 言 言 言 言 言 言 訂 訂 訪 誠 誠 誠
誠	誠　誠　誠　誠　誠　誠
정성 성	활용한자：孝誠(효성)　誠金(성금)　誠實(성실)　誠心誠意(성심성의)

준4급 12획	) 厂 厂 万 成 成 成 成 成 盛 盛 盛
盛	盛　盛　盛　盛　盛　盛
성할 성	활용한자：盛行(성행)　盛況(성황)　大盛(대성)　興亡盛衰(흥망성쇠)

6급 9획	) 시 小 小 少 少 省 省 省 省
省	省　省　省　省　省　省
살필 성/덜 생	활용한자：省墓(성묘)　反省(반성)　省略(생략)　人事不省(인사불성)

준4급 9획	) 冂 日 日 旦 星 星 星 星
星	星　星　星　星　星　星
별 성	활용한자：水星(수성)　金星(금성)　人工衛星(인공위성)　北斗七星(북두칠성)

聖~勢 획순 따라 덧쓰기 연습

＊ 아래 한자의 획순을 따라 연필로 바르게 써 보세요.

준4급 13획	一 T F F 手 耳 耶 耶 耶 聖 聖 聖 聖						
聖	聖	聖	聖	聖	聖	聖	聖
성인 성	활용한자 : 聖人(성인) 聖子(성자) 聖典(성전) 告解聖事(고해성사)						

준4급 17획	一 十 士 吉 吉 吉 声 声 殸 殸 殸 殸 殸 殸 聲 聲 聲						
聲	聲	聲	聲	聲	聲	聲	聲
소리 성	활용한자 : 假聲(가성) 聲討(성토) 發聲(발성) 砲聲(포성)						

7급 5획	一 十 卅 卅 世						
世	世	世	世	世	世	世	世
인간 세	활용한자 : 世界(세계) 世襲(세습) 新世代(신세대) 立身出世(입신출세)						

5급 9획	` ` 氵 氵 氵 汇 汗 泮 泮 洗						
洗	洗	洗	洗	洗	洗	洗	洗
씻을 세	활용한자 : 洗手(세수) 洗濯(세탁) 洗車(세차) 洗面(세면)						

준4급 12획	一 二 千 千 禾 禾 利 利 税 税 税 税						
税	税	税	税	税	税	税	税
세금 세	활용한자 : 税金(세금) 税關(세관) 納税(납세) 贈與税(증여세)						

준4급 11획	` ` 幺 幺 幺 糸 糸 細 細 細 細						
細	細	細	細	細	細	細	細
가늘 세	활용한자 : 細工(세공) 細胞(세포) 詳細(상세) 毛細血管(모세혈관)						

준4급 13획	一 十 士 圭 圭 圭 查 勎 刭 執 執 埶 勢						
勢	勢	勢	勢	勢	勢	勢	勢
형세 세	활용한자 : 形勢(형세) 勢力(세력) 强勢(강세) 虛張聲勢(허장성세)						

＊아래 한자의 획순을 따라 연필로 바르게 써 보세요.

5급 13획	丨 丨 止 止 芹 芹 芹 芹 夢 歲 歲 歲
歲	歲 歲 歲 歲 歲 歲 歲
해 세	활용한자 : 萬歲(만세) 歲費(세비) 虛送歲月(허송세월) 歲寒三友(세한삼우)

8급 3획	亅 小 小
小	小 小 小 小 小 小 小
작을 소	활용한자 : 小品(소품) 小便(소변) 小規模(소규모) 中小企業(중소기업)

7급 4획	亅 小 小 少
少	少 少 少 少 少 少 少
적을 소	활용한자 : 少量(소량) 減少(감소) 少女(소녀) 稀少價値(희소가치)

7급 8획	丶 丶 亇 戸 戸 所 所 所
所	所 所 所 所 所 所 所
바 소	활용한자 : 住所(주소) 所感(소감) 所望(소망) 所有權(소유권)

6급 10획	丶 丶 氵 氵 氵 沪 沪 消 消 消
消	消 消 消 消 消 消 消
사라질 소	활용한자 : 消滅(소멸) 抹消(말소) 取消(취소) 消防署(소방서)

준4급 10획	一 二 十 主 主 寺 寺 素 素 素
素	素 素 素 素 素 素 素
본디/흴 소	활용한자 : 元素(원소) 素服(소복) 素質(소질) 活力素(활력소)

준4급 10획	丿 𠂉 竹 竹 竹 竹 竹 竿 笑
笑	笑 笑 笑 笑 笑 笑 笑
웃을 소	활용한자 : 微笑(미소) 談笑(담소) 苦笑(고소) 拍掌大笑(박장대소)

掃~孫 획순 따라 덧쓰기 연습

✽ 아래 한자의 획순을 따라 연필로 바르게 써 보세요.

준4급 11획	一 十 扌 扩 扩 护 护 挣 挣 掃 掃
掃	
쓸 소	활용한자 : 淸掃(청소) 掃去(소거) 掃地(소지) 掃蕩(소탕)

준4급 9획	丿 亻 亻 亽 亽 仪 俗 俗 俗
俗	
풍속 속	활용한자 : 風俗(풍속) 世俗(세속) 土俗(토속) 美風良俗(미풍양속)

6급 11획	一 厂 币 币 市 束 束 涑 涑 涑 速
速	
빠를 속	활용한자 : 急速(급속) 迅速(신속) 速讀法(속독법) 高速道路(고속도로)

준4급 21획	乀 乆 幺 幺 糸 糸 紆 紆 紆 紈 続 続 続 綪 綪 績 績 績 續 續
續	
이을 속	활용한자 : 連續(연속) 相續(상속) 繼續(계속) 持續性(지속성)

5급 7획	一 厂 币 币 市 束 束
束	
묶을 속	활용한자 : 結束(결속) 拘束(구속) 團束(단속) 束手無策(속수무책)

준4급 21획	一 尸 尸 尸 尸 尸 尸 尺 尼 尾 屈 屈 屋 屋 屬 屬 屬 屬 屬
屬	
무리 속	활용한자 : 歸屬(귀속) 附屬(부속) 從屬(종속) 直系尊屬(직계존속)

6급 10획	乛 了 孑 孑 孖 孫 孫 孫 孫 孫
孫	
손자 손	활용한자 : 子孫(자손) 王孫(왕손) 玄孫(현손) 代代孫孫(대대손손)

損~受 획순 따라 덧쓰기 연습

* 아래 한자의 획순을 따라 연필로 바르게 써 보세요.

4급 13획	一 十 扌 扌 扩 护 护 捐 捐 捐 捐 損 損
損	損 損 損 損 損 損 損
덜 손	활용한자 : 損害(손해) 損失(손실) 破損(파손) 名譽毀損(명예훼손)

4급 8획	一 十 才 木 朴 朴 松 松
松	松 松 松 松 松 松 松
소나무 송	활용한자 : 松花(송화) 松林(송림) 松蟲(송충) 落落長松(낙락장송)

준4급 10획	` ` ` ` ` ` ` ` ` 羊 羊 关 关 送 送 送
送	送 送 送 送 送 送 送
보낼 송	활용한자 : 送年(송년) 發送(발송) 送信(송신) 放送局(방송국)

4급 13획	` ` ` ` ` ` ` ` ` ` 公 公 公 公 公 公 頌 頌 頌 頌 頌 頌 頌
頌	頌 頌 頌 頌 頌 頌
기릴/칭송할 송	활용한자 : 稱頌(칭송) 頌德(송덕) 頌辭(송사) 讚頌歌(찬송가)

8급 4획	亅 刀 水 水
水	水 水 水 水 水 水 水
물 수	활용한자 : 水道(수도) 冷水(냉수) 水路(수로) 水墨畫(수묵화)

7급 4획	一 二 三 手
手	手 手 手 手 手 手 手
손 수	활용한자 : 握手(악수) 手術(수술) 手段(수단) 手數料(수수료)

준4급 8획	` ` ` ` ` ` ` ` ` ` ` 严 学 受
受	受 受 受 受 受 受 受
받을 수	활용한자 : 受給(수급) 受領(수령) 受託(수탁) 引受人(인수인)

授~修 획순 따라 덧쓰기 연습

✲ 아래 한자의 획순을 따라 연필로 바르게 써 보세요.

준4급 11획	一 十 扌 扌 扩 扩 扩 护 护 授 授
授 줄 수	활용한자 : 傳授(전수) 授乳(수유) 授受(수수) 助敎授(조교수)

5급 9획	丶 丷 丷 艹 艹 芍 首 首 首
首 머리 수	활용한자 : 首都(수도) 首席(수석) 黨首(당수) 國家元首(국가원수)

준4급 6획	丶 丷 宀 宀 守 守
守 지킬 수	활용한자 : 守兵(수병) 保守(보수) 遵守(준수) 嚴守(엄수)

준4급 6획	丨 丩 屮 屮 收 收
收 거둘 수	활용한자 : 收穫(수확) 收入(수입) 收容(수용) 領收證(영수증)

6급 16획	一 十 才 木 术 桔 桔 桔 桔 桔 桔 桔 椒 椒 樹 樹
樹 나무 수	활용한자 : 樹林(수림) 樹木(수목) 果樹園(과수원) 街路樹(가로수)

7급 15획	丶 丷 丷 丷 串 串 串 串 串 串 婁 數 數 數 數
數 셈 수	활용한자 : 算數(산수) 數學(수학) 分數(분수) 物價指數(물가지수)

준4급 10획	丿 亻 亻 伫 伫 伦 修 修 修 修
修 닦을 수	활용한자 : 修道(수도) 修女(수녀) 硏修(연수) 必修(필수)

秀~術 획순 따라 덧쓰기 연습

＊ 아래 한자의 획순을 따라 연필로 바르게 써 보세요.

4급 7획	´ 二 千 千 禾 禾 秀 秀
秀	秀　秀　秀　秀　秀　秀　秀
빼어날 수	활용한자 : 秀麗(수려)　秀才(수재)　俊秀(준수)　最優秀(최우수)

4급 8획	´ ㅏ ㅑ 丰 却 却 叔 叔
叔	叔　叔　叔　叔　叔　叔　叔
아재비 숙	활용한자 : 叔父(숙부)　堂叔(당숙)　叔母(숙모)　外叔母(외숙모)

5급 11획	` ` ´ 宀 宀 宀 宀 宿 宿 宿 宿
宿	宿　宿　宿　宿　宿　宿　宿
잘 숙/별자리 수	활용한자 : 宿泊(숙박)　宿所(숙소)　宿題(숙제)　寄宿舍(기숙사)

4급 13획	ㄱ ㅋ ㅋ 甲 聿 聿 肀 肀 肅 肅 肅 肅 肅
肅	肅　肅　肅　肅　肅　肅　肅
엄숙할 숙	활용한자 : 嚴肅(엄숙)　靜肅(정숙)　自肅(자숙)　肅然(숙연)

5급 12획	´ ㅏ 川 川 川 川 順 順 順 順 順
順	順　順　順　順　順　順　順
순할 순	활용한자 : 順序(순서)　順理(순리)　語順(어순)　筆順(필순)

준4급 10획	´ ´ ´ 幺 牟 糸 糸 糸 紅 純
純	純　純　純　純　純　純　純
순수할 순	활용한자 : 純眞(순진)　純粹(순수)　純情(순정)　純潔(순결)

6급 11획	´ ´ 彳 彳 彳 术 徘 術 術 術 術
術	術　術　術　術　術　術　術
재주 술	활용한자 : 魔術(마술)　技術(기술)　醫術(의술)　藝術品(예술품)

崇~是 획순 따라 덧쓰기 연습

＊아래 한자의 획순을 따라 연필로 바르게 써 보세요.

4급 11획	＇ ＂ ʼ巾 ʼ山 ʼ炭 炭 炭 学 崇 崇
崇 높을 숭	활용한자 : 崇拜(숭배) 崇高(숭고) 崇尚(숭상) 崇禮門(숭례문)

6급 11획	⁊ ⁊ ⁊ ⁊⁊ ⁊⁊ ⁊⁊ ⁊⁊ ⁊⁊ ⁊⁊ 習 習
習 익힐 습	활용한자 : 習得(습득) 演習(연습) 實習(실습) 見習工(견습공)

준4급 8획	⁊ 了 了 了 孟 承 承 承
承 이을 승	활용한자 : 承繼(승계) 承諾(승낙) 承認(승인) 起承轉結(기승전결)

6급 12획	⁊ 月 月 月 ʼ月 ʼ月 ʼ胖 胖 胖 胖 勝 勝
勝 이길 승	활용한자 : 勝利(승리) 必勝(필승) 勝算(승산) 百戰百勝(백전백승)

7급 5획	＇ 亠 广 市 市
市 저자 시	활용한자 : 市場(시장) 市內(시내) 市民(시민) 衛星都市(위성도시)

5급 5획	一 二 亍 示 示
示 보일 시	활용한자 : 示範(시범) 展示(전시) 示威(시위) 意思表示(의사표시)

준4급 9획	⁊ 冂 冃 日 旦 早 早 昰 是
是 이/옳을 시	활용한자 : 或是(혹시) 亦是(역시) 是正(시정) 是是非非(시시비비)

제73차 時~氏 획순 따라 덧쓰기 연습

＊ 아래 한자의 획순을 따라 연필로 바르게 써 보세요.

7급 10획	丨 冂 冂 日 日 日 日 日 時 時

時	時 時 時 時 時 時 時
때 시	활용한자: 時間(시간) 時刻(시각) 當時(당시) 時機尙早(시기상조)

준4급 13획	` 亠 亍 言 言 言 計 計 詩 詩 詩

詩	詩 詩 詩 詩 詩 詩 詩
글/시 시	활용한자: 詩人(시인) 詩集(시집) 詩篇(시편) 敍事詩(서사시)

준4급 12획	` 亍 亓 矛 示 示 和 和 和 相 視 視

視	視 視 視 視 視 視 視
볼 시	활용한자: 監視(감시) 無視(무시) 視覺(시각) 度外視(도외시)

준4급 9획	` 亠 亍 方 方 方 劳 劳 施 施

施	施 施 施 施 施 施 施
베풀 시	활용한자: 布施(보시) 施主(시주) 施策(시책) 施賞式(시상식)

준4급 13획	` 亠 亍 言 言 言 言 計 計 訊 試 試

試	試 試 試 試 試 試 試
시험 시	활용한자: 試驗(시험) 試合(시합) 入試(입시) 試運轉(시운전)

6급 8획	乚 乆 女 女 女 女 始 始

始	始 始 始 始 始 始 始
비로소 시	활용한자: 始初(시초) 始作(시작) 開始(개시) 今始初聞(금시초문)

4급 4획	一 𠂆 𠃌 氏

氏	氏 氏 氏 氏 氏 氏 氏
각시/성씨 씨	활용한자: 姓氏(성씨) 宗氏(종씨) 氏族(씨족) 創氏改名(창씨개명)

140

食~申 획순 따라 덧쓰기 연습

＊ 아래 한자의 획순을 따라 연필로 바르게 써 보세요.

7급 9획	ノ 人 𠆢 今 今 今 食 食 食
食 밥/먹을 식	활용한자 : 食事(식사) 食糧(식량) 食費(식비) 弱肉强食(약육강식)

6급 6획	一 二 三 弋 式 式
式 법 식	활용한자 : 式順(식순) 樣式(양식) 格式(격식) 入場式(입장식)

7급 12획	一 十 才 木 𣎴 𣎴 枦 柿 柿 植 植 植
植 심을 식	활용한자 : 植木(식목) 植物(식물) 植樹(식수) 植民地(식민지)

5급 19획	丶 一 亠 言 言 言 言 訓 訓 詊 詊 詊 詊 識 識 識
識 알 식/기록할 지	활용한자 : 面識(면식) 認識(인식) 標識(표지) 意識構造(의식구조)

준4급 10획	′ 亻 𦥑 自 自 自 自 息 息 息
息 쉴 식	활용한자 : 休息(휴식) 窒息(질식) 安息處(안식처) 消息不通(소식불통)

6급 7획	′ 亻 勹 勺 身 身 身
身 몸 신	활용한자 : 肉身(육신) 獨身(독신) 避身(피신) 身分證(신분증)

준4급 5획	丨 口 曰 日 申
申 알릴/납 신	활용한자 : 申告(신고) 申請(신청) 申聞鼓(신문고) 申師任堂(신사임당)

＊아래 한자의 획순을 따라 연필로 바르게 써 보세요.

6급 10획	` ｜ ｀ ｧ ｧ ｧ ｧ 和 和 和 神
神	神　神　神　神　神　神　神
귀신 신	활용한자 : 鬼神(귀신)　山神(산신)　神殿(신전)　守護神(수호신)

5급 6획	｜ ｜ ｜ ｜ ｜ 臣
臣	臣　臣　臣　臣　臣　臣　臣
신하 신	활용한자 : 臣下(신하)　忠臣(충신)　使臣(사신)　君臣有義(군신유의)

6급 9획	｀ ｜ ｜ ｜ 广 信 信 信 信
信	信　信　信　信　信　信　信
믿을 신	활용한자 : 信賴(신뢰)　信用(신용)　確信(확신)　信賞必罰(신상필벌)

6급 13획	｀ ｀ ｀ ｧ ｧ ｧ 辛 辛 亲 新 新 新
新	新　新　新　新　新　新　新
새 신	활용한자 : 新聞(신문)　新曲(신곡)　新築(신축)　新入生(신입생)

6급 5획	｀ ｜ ｜ 牛 失
失	失　失　失　失　失　失　失
잃을 실	활용한자 : 紛失(분실)　失言(실언)　過失(과실)　損失(손실)

8급 9획	｀ ｜ ｀ ｀ 宇 宇 宇 室 室
室	室　室　室　室　室　室　室
집 실	활용한자 : 室內(실내)　寢室(침실)　客室(객실)　休憩室(휴게실)

5급 14획	｀ ｜ ｀ ｀ 宁 宙 宵 宵 宵 宵 宵 實 實 實
實	實　實　實　實　實　實　實
열매 실	활용한자 : 實科(실과)　果實(과실)　實感(실감)　實定法(실정법)

* 아래 한자의 획순을 따라 연필로 바르게 써 보세요.

7급 4획	`' 心 心 心`						
心	心	心	心	心	心	心	心
마음 심	활용한자 : 心臟(심장) 孝心(효심) 讀心術(독심술) 作心三日(작심삼일)						

준4급 11획	`` ` ` ` ; ; ; ; ; ; ; ; 深 深``						
深	深	深	深	深	深	深	深
깊을 심	활용한자 : 深夜(심야) 深層(심층) 深化(심화) 深思熟考(심사숙고)						

8급 2획	`一 十`						
十	十	十	十	十	十	十	十
열 십	활용한자 : 十里(십리) 十指(십지) 十長生(십장생) 十中八九(십중팔구)						

5급 8획	`' ' ' ' 臼 臼 臼 兒`						
兒	兒	兒	兒	兒	兒	兒	兒
아이 아	활용한자 : 兒童(아동) 育兒(육아) 孤兒(고아) 新生兒(신생아)						

5급 12획	`一 一 一 二 王 亞 亞 亞 惡 惡 惡`						
惡	惡	惡	惡	惡	惡	惡	惡
악할 악	활용한자 : 惡緣(악연) 惡夢(악몽) 惡寒(오한) 憎惡心(증오심)						

7급 6획	`' ' 宀 宀 安 安`						
安	安	安	安	安	安	安	安
편안 안	활용한자 : 安息(안식) 慰安(위안) 便安(편안) 安全守則(안전수칙)						

5급 10획	`' ' 宀 宀 安 安 安 宰 案 案`						
案	案	案	案	案	案	案	案
책상 안	활용한자 : 案席(안석) 案內(안내) 案件(안건) 豫算案(예산안)						

＊ 아래 한자의 획순을 따라 연필로 바르게 써 보세요.

준4급 11획	l Π Ħ Ħ 目 目 Ħ7 Ħ7 Ħ7 眼 眼 眼						
眼	眼	眼	眼	眼	眼	眼	眼
눈 안	활용한자 : 眼球(안구) 眼鏡(안경) 肉眼(육안) 千里眼(천리안)						

준4급 13획	l Π Ħ Ħ 目 Ħ' Ħ̄ Ħ̄ Ħ̄ 暗 暗 暗 暗						
暗	暗	暗	暗	暗	暗	暗	暗
어두울 암	활용한자 : 暗黑(암흑) 暗記(암기) 暗算(암산) 暗黑天地(암흑천지)						

준4급 17획	一 厂 厂 厂 厂 厂 厂 厈 屑 屑 屑 厭 厭 厭 壓 壓 壓						
壓	壓	壓	壓	壓	壓	壓	壓
억누를 압	활용한자 : 壓力(압력) 抑壓(억압) 鎭壓(진압) 彈壓(탄압)						

6급 13획	´ ´ ´ ⼳ ⼳ ⼪ ⼪ 忩 恶 愛 受 愛 愛						
愛	愛	愛	愛	愛	愛	愛	愛
사랑 애	활용한자 : 愛讀(애독) 愛情(애정) 友愛(우애) 愛國心(애국심)						

준4급 11획	` ` ⼩ ⼩ ⼩ 沪 沪 沪 液 液 液						
液	液	液	液	液	液	液	液
액체/진 액	활용한자 : 液體(액체) 津液(진액) 樹液(수액) 血液型(혈액형)						

4급 18획	` ` ⼧ ⼧ 宀 安 安 客 客 客 客 額 額 額 額 額 額						
額	額	額	額	額	額	額	額
이마 액	활용한자 : 額面(액면) 金額(금액) 總額(총액) 額子(액자)						

6급 8획	` 一 广 广 广 夜 夜 夜						
夜	夜	夜	夜	夜	夜	夜	夜
밤 야	활용한자 : 夜間(야간) 夜勤(야근) 夜警(야경) 不撤晝夜(불철주야)						

野~養 획순 따라 덧쓰기 연습

＊아래 한자의 획순을 따라 연필로 바르게 써 보세요.

6급 11획	ノ 口 日 日 旦 里 里 野 野 野 野						
野	野	野	野	野	野	野	野
들 야	활용한자 : 野山(야산) 野營(야영) 野黨(야당) 野積場(야적장)						

6급 10획	ㄱ ㄱ 弓 弓 弓 弱 弱 弱 弱 弱						
弱	弱	弱	弱	弱	弱	弱	弱
약할 약	활용한자 : 强弱(강약) 弱小(약소) 微弱(미약) 老弱者(노약자)						

5급 9획	ㄴ ㄠ ㄠ 幺 糸 糸 約 約 約						
約	約	約	約	約	約	約	約
맺을 약	활용한자 : 約束(약속) 約定(약정) 節約(절약) 豫約席(예약석)						

6급 19획	一 十 ⺿ ⺿ 芍 苭 苭 苭 苭 藥 藥 藥 藥 藥 藥 藥 藥						
藥	藥	藥	藥	藥	藥	藥	藥
약 약	활용한자 : 藥局(약국) 藥師(약사) 補藥(보약) 韓藥房(한약방)						

준4급 6획	ㆍ ㆍ ㆍ 兰 羊						
羊	羊	羊	羊	羊	羊	羊	羊
양 양	활용한자 : 羊毛(양모) 羊皮(양피) 山羊(산양) 多岐亡羊(다기망양)						

6급 9획	ㆍ ㆍ 氵 氵 汼 泙 泙 洋 洋						
洋	洋	洋	洋	洋	洋	洋	洋
큰바다 양	활용한자 : 西洋(서양) 洋服(양복) 海洋(해양) 太平洋(태평양)						

5급 15획	ㆍ ㆍ 兰 羊 羊 美 美 养 养 養 養 養 養						
養	養	養	養	養	養	養	養
기를 양	활용한자 : 養育(양육) 養殖(양식) 養豚(양돈) 敎養人(교양인)						

陽~言 획순 따라 덧쓰기 연습

＊아래 한자의 획순을 따라 연필로 바르게 써 보세요.

6급 12획	｀ ｊ ｊ ｊ ｊ ｊ ｊ ｊ 阴 阴 陽 陽 陽
陽 볕 양	활용한자 : 陽地(양지) 陽刻(양각) 漢陽(한양) 陽春佳節(양춘가절)

4급 15획	一 十 才 木 术 术 栏 栏 栏 样 样 様 様 様
様 모양 양	활용한자 : 模樣(모양) 紋樣(문양) 樣式(양식) 各樣各色(각양각색)

5급 11획	｀ ｸ ｸ 勾 勾 角 角 角 魚 魚 魚
魚 물고기 어	활용한자 : 魚類(어류) 人魚(인어) 洪魚(홍어) 文魚(문어)

5급 14획	｀ ｀ ｊ ｊ ｊ 沖 沖 涌 涌 漁 漁 漁 漁 漁
漁 고기잡을 어	활용한자 : 漁網(어망) 漁父(어부) 漁獲(어획) 漁父之利(어부지리)

7급 14획	｀ ｴ ｴ ｴ 言 言 言 訂 訢 語 語 語 語 語
語 말씀 어	활용한자 : 言語(언어) 語感(어감) 語彙(어휘) 語不成說(어불성설)

5급 15획	ノ イ イ イ 俨 俨 俨 伫 侉 侉 億 億 億 億 億
億 억 억	활용한자 : 億臺(억대) 億劫(억겁) 億萬年(억만년) 億萬長者(억만장자)

6급 7획	｀ ｴ ｴ 言 言 言 言
言 말씀 언	활용한자 : 遺言(유언) 豫言(예언) 證言(증언) 甘言利說(감언이설)

＊ 아래 한자의 획순을 따라 연필로 바르게 써 보세요.

4급 20획	` ⺋ ⺊ ⺌ ⺍ ⺉ ⺋ 尸 尸 尸 尸 尸 ⺂ ⺂ 嚴 嚴 嚴 嚴 嚴 嚴
嚴	嚴 嚴 嚴 嚴 嚴 嚴 嚴
엄할 엄	활용한자 : 嚴格(엄격) 嚴選(엄선) 嚴肅(엄숙) 嚴冬雪寒(엄동설한)

6급 13획	` ⺊ ⺌ ⺍ 业 业 业 业 业 举 挙 業 業
業	業 業 業 業 業 業 業
업 업	활용한자 : 事業(사업) 産業(산업) 業務(업무) 作業室(작업실)

준4급 16획	ノ 人 人 𣎴 𣎴 今 余 余 余 飠 飠 飠 飣 飣 餘 餘
餘	餘 餘 餘 餘 餘 餘 餘
남을 여	활용한자 : 餘裕(여유) 餘暇(여가) 餘韻(여운) 迂餘曲折(우여곡절)

준4급 6획	⺁ ⺈ 女 奻 如 如
如	如 如 如 如 如 如 如
같을 여	활용한자 : 如此(여차) 如何(여하) 缺如(결여) 如意珠(여의주)

4급 14획	` ⺋ ⺊ ⺊ ⺊ ⺊ 𦥑 𦥑 𦥑 𦥑 與 與 與 與
與	與 與 與 與 與 與 與
줄/참여할 여	활용한자 : 給與(급여) 參與(참여) 與黨(여당) 賞與金(상여금)

준4급 10획	` ⺌ ⺍ ⺊ 屰 屰 逆 逆 逆 逆
逆	逆 逆 逆 逆 逆 逆 逆
거스릴 역	활용한자 : 拒逆(거역) 逆謀(역모) 逆說(역설) 逆襲(역습)

4급 8획	` ⺆ ⺜ 日 月 月 易 易
易	易 易 易 易 易 易 易
바꿀 역/쉬울 이	활용한자 : 易學(역학) 交易(교역) 容易(용이) 簡易(간이)

＊ 아래 한자의 획순을 따라 연필로 바르게 써 보세요.

4급 11획	一 十 土 圹 圹 圹 圬 圬 域 域 域
域	域 域 域 域 域 域 域
지경 역	활용한자 : 領域(영역) 區域(구역) 海域(해역) 地域社會(지역사회)

7급 12획	丿 ク タ タ 夕 妖 妖 然 然 然 然 然
然	然 然 然 然 然 然 然
그럴 연	활용한자 : 自然(자연) 必然(필연) 本然(본연) 天然資源(천연자원)

준4급 13획	丶 丶 丬 火 灯 灯 炉 炉 炉 炉 烟 煙 煙
煙	煙 煙 煙 煙 煙 煙 煙
연기 연	활용한자 : 煙氣(연기) 煙幕(연막) 禁煙(금연) 吸煙(흡연)

준4급 11획	一 丆 丆 石 石 石 矴 研 研 研 研
研	研 研 研 研 研 研 研
갈 연	활용한자 : 研磨(연마) 研修(연수) 研究(연구) 研究室(연구실)

4급 7획	一 一 一 正 延 延 延
延	延 延 延 延 延 延 延
늘일 연	활용한자 : 延着(연착) 延長(연장) 遲延(지연) 延命(연명)

4급 16획	丶 丶 丬 火 火 炒 炒 炒 炒 炒 燃 燃 燃 燃 燃 燃
燃	燃 燃 燃 燃 燃 燃 燃
탈 연	활용한자 : 燃燒(연소) 燃料(연료) 燃燈(연등) 可燃性(가연성)

4급 13획	丿 丷 丶 牟 牟 余 金 金 釒 釦 釦 鉛 鉛
鉛	鉛 鉛 鉛 鉛 鉛 鉛
납 연	활용한자 : 鉛版(연판) 鉛粉(연분) 黑鉛(흑연) 色鉛筆(색연필)

演~迎 획순 따라 덧쓰기 연습

* 아래 한자의 획순을 따라 연필로 바르게 써 보세요.

준4급 14획	` ` ⺀ ⺀ ⺀ ⺀ 沪 沪 浐 浐 演 演 演 演
演	演 演 演 演 演 演 演
펼 연	활용한자: 公演(공연) 演技(연기) 演劇(연극) 講演(강연)

4급 15획	⺀ ⺀ ⺀ ⺀ 糸 糸 糸 紵 絆 紵 綠 緣 緣 緣 緣
緣	緣 緣 緣 緣 緣 緣 緣
인연 연	활용한자: 因緣(인연) 血緣(혈연) 緣故(연고) 血緣(혈연)

5급 15획	⼀ ⼗ ⼟ ⼟ ⼟ 坴 坴 幸 刲 剚 熱 熱 熱 熱 熱
熱	熱 熱 熱 熱 熱 熱 熱
더울 열	활용한자: 熱氣(열기) 熱情(열정) 熱火(열화) 以熱治熱(이열치열)

5급 13획	⼀ ⼗ ⼗ 艹 艹 艹 苹 苹 苹 苺 莘 葉 葉
葉	葉 葉 葉 葉 葉 葉 葉
잎 엽	활용한자: 葉草(엽초) 初葉(초엽) 葉綠素(엽록소) 一葉片舟(일엽편주)

6급 5획	` ⼁ ⼅ 永 永
永	永 永 永 永 永 永 永
길 영	활용한자: 永遠(영원) 永久(영구) 永住(영주) 永續性(영속성)

6급 9획	⼀ ⼗ ⼗ 艹 艹 艹 苸 英 英
英	英 英 英 英 英 英 英
꽃부리 영	활용한자: 英雄(영웅) 英才(영재) 英傑(영걸) 英雄豪傑(영웅호걸)

4급 8획	` ⼅ ⼇ ⼝ 卬 迎 迎 迎
迎	迎 迎 迎 迎 迎 迎 迎
맞을 영	활용한자: 迎接(영접) 歡迎(환영) 迎送(영송) 送舊迎新(송구영신)

제83차 榮~午 획순 따라 덧쓰기 연습

＊ 아래 한자의 획순을 따라 연필로 바르게 써 보세요.

준4급 14획	`丶丶丷刈刈刈刈炒炒炒炒学学栄榮`						
榮 영화 영	榮	榮	榮	榮	榮	榮	榮

활용한자 : 榮華(영화)　榮光(영광)　榮譽(영예)　榮枯盛衰(영고성쇠)

4급 17획	`丶丶丷刈刈刈刈炒炒炒炒答答答營營營`						
營 경영할 영	營	營	營	營	營	營	營

활용한자 : 經營(경영)　營業(영업)　營利(영리)　營造物(영조물)

4급 9획	`丨冂冃日日昈昈映映`						
映 비칠 영	映	映	映	映	映	映	映

활용한자 : 映像(영상)　映畵(영화)　放映(방영)　映寫機(영사기)

준4급 19획	`一++艹扩扩坴坴坴埶埶執埶蓺蓺蓺蓺藝藝`						
藝 재주 예	藝	藝	藝	藝	藝	藝	藝

활용한자 : 藝術(예술)　藝能(예능)　曲藝(곡예)　文藝復興(문예부흥)

4급 16획	`フマ予予子矛矛矛矛矛矛豫豫豫豫豫`						
豫 미리 예	豫	豫	豫	豫	豫	豫	豫

활용한자 : 豫感(예감)　豫買(예매)　豫言(예언)　豫測(예측)

8급 4획	`一丆五五`						
五 다섯 오	五	五	五	五	五	五	五

활용한자 : 五月(오월)　五穀(오곡)　五福(오복)　五十步百步(오십보백보)

7급 4획	`丿一二午`						
午 낮 오	午	午	午	午	午	午	午

활용한자 : 午前(오전)　正午(정오)　午餐(오찬)　午時(오시)

＊아래 한자의 획순을 따라 연필로 바르게 써 보세요.

준4급 14획	`丶亠言言言言言語語語誤誤誤						
誤	誤	誤	誤	誤	誤	誤	誤
그르칠 오	활용한자: 誤判(오판) 誤算(오산) 錯誤(착오) 誤解(오해)						

준4급 5획	一二干王玉						
玉	玉	玉	玉	玉	玉	玉	玉
구슬 옥	활용한자: 玉石(옥석) 玉樓(옥루) 玉座(옥좌) 金科玉條(금과옥조)						

5급 9획	一コア尸尸屋屋屋屋						
屋	屋	屋	屋	屋	屋	屋	屋
집 옥	활용한자: 家屋(가옥) 韓屋(한옥) 屋上(옥상) 社屋(사옥)						

6급 13획	`丶氵氵沺沺沺沺涸淠淠淠溫溫溫						
溫	溫	溫	溫	溫	溫	溫	溫
따뜻할 온	활용한자: 溫泉(온천) 溫水(온수) 溫突(온돌) 溫故知新(온고지신)						

5급 7획	`丶宀宀宁宇完						
完	完	完	完	完	完	完	完
완전할 완	활용한자: 完遂(완수) 完結(완결) 完璧(완벽) 完全無缺(완전무결)						

8급 4획	一二干王						
王	王	王	王	王	王	王	王
임금 왕	활용한자: 王冠(왕관) 王室(왕실) 王妃(왕비) 王朝(왕조)						

준4급 8획	`ノ彳彳彳彳往往往						
往	往	往	往	往	往	往	往
갈 왕	활용한자: 往來(왕래) 往復(왕복) 往診(왕진) 說往說來(설왕설래)						

外~容 획순 따라 덧쓰기 연습

＊ 아래 한자의 획순을 따라 연필로 바르게 써 보세요.

8급 5획	ノ ク タ 列 外						
外	外	外	外	外	外	外	外
바깥 외	활용한자 : 外出(외출) 外泊(외박) 外界(외계) 外面(외면)						

5급 9획	一 一 一 一 一 一 一 一 一 要 要 要						
要	要	要	要	要	要	要	要
요긴할 요	활용한자 : 要緊(요긴) 要旨(요지) 要所(요소) 主要(주요)						

5급 18획	曜						
曜	曜	曜	曜	曜	曜	曜	曜
빛날 요	활용한자 : 曜日(요일) 七曜(칠요) 日曜日(일요일) 曜日表(요일표)						

준4급 17획	謠						
謠	謠	謠	謠	謠	謠	謠	謠
노래 요	활용한자 : 歌謠(가요) 童謠(동요) 民謠(민요) 謠言(요언)						

5급 10획	浴						
浴	浴	浴	浴	浴	浴	浴	浴
목욕할 욕	활용한자 : 浴室(욕실) 沐浴(목욕) 山林浴(산림욕) 海水浴(해수욕)						

6급 5획	ノ 刀 月 月 用						
用	用	用	用	用	用	用	用
쓸 용	활용한자 : 用件(용건) 用務(용무) 公用(공용) 使用(사용)						

준4급 10획	容						
容	容	容	容	容	容	容	容
얼굴 용	활용한자 : 容貌(용모) 容量(용량) 容恕(용서) 美容師(미용사)						

勇~郵 획순 따라 덧쓰기 연습

* 아래 한자의 획순을 따라 연필로 바르게 써 보세요.

6급 9획	⁷ ⁷ ⁷ ⁷ ⁷ ⁷ ⁷ 勇 勇 勇 勇 勇 勇
勇	勇 勇 勇 勇 勇 勇 勇
날랠 용	활용한자 : 勇敢(용감) 勇氣(용기) 勇猛(용맹) 勇士(용사)

7급 5획	ノ ナ ナ 右 右
右	右 右 右 右 右 右 右
오른쪽 우	활용한자 : 右側(우측) 右翼(우익) 右議政(우의정) 右往左往(우왕좌왕)

5급 4획	⁻ ナ 方 友
友	友 友 友 友 友 友 友
벗 우	활용한자 : 友情(우정) 友愛(우애) 友好(우호) 朋友有信(붕우유신)

5급 4획	ノ ⁻ ⁻ 牛
牛	牛 牛 牛 牛 牛 牛 牛
소 우	활용한자 : 牛乳(우유) 牛角(우각) 韓牛(한우) 牛耳讀經(우이독경)

5급 8획	⁻ ⁻ ⁻ 而 雨 雨 雨 雨
雨	雨 雨 雨 雨 雨 雨 雨
비 우	활용한자 : 雨傘(우산) 雨期(우기) 雨衣(우의) 雨量(우량)

4급 13획	ⁱ 口 日 日 旦 禺 禺 禺 禺 遇 遇 遇 遇
遇	遇 遇 遇 遇 遇 遇 遇
만날 우	활용한자 : 遇害(우해) 處遇(처우) 待遇(대우) 千載一遇(천재일우)

4급 11획	⁻ ⁻ ⁻ ⁻ ⁻ 丟 垂 垂 郵 郵 郵
郵	郵 郵 郵 郵 郵 郵 郵
우편 우	활용한자 : 郵便(우편) 郵票(우표) 郵政(우정) 郵遞局(우체국)

優~願 획순 따라 덧쓰기 연습

＊아래 한자의 획순을 따라 연필로 바르게 써 보세요.

4급 17획	ノ イ イ イ イ 伊 佰 佰 佰 俘 俘 傻 傻 傻 傻 傻 優
優 넉넉할 우	활용한자 : 優待(우대)　優等(우등)　優勢(우세)　優良兒(우량아)

5급 12획	一 厂 戸 币 乖 乖 雨 雨 雫 雲 雲 雲
雲 구름 운	활용한자 : 白雲(백운)　雲海(운해)　雲集(운집)　雲泥之差(운니지차)

6급 13획	一 广 户 户 官 官 宫 軍 軍 軍 運 運 運
運 운전/옮길 운	활용한자 : 運轉(운전)　運輸(운수)　運搬(운반)　運送(운송)

5급 12획	一 ナ 寸 左 右 太 太 太 雄 雄 雄 雄
雄 수컷 웅	활용한자 : 雄壯(웅장)　英雄(영웅)　雄傑(웅걸)　大雄殿(대웅전)

5급 4획	一 二 テ 元
元 으뜸 원	활용한자 : 元祖(원조)　元來(원래)　元老(원로)　元旦(원단)

5급 10획	一 厂 厂 厂 卮 厒 原 原 原 原
原 언덕 원	활용한자 : 高原(고원)　原油(원유)　原理(원리)　原則(원칙)

5급 19획	一 厂 厂 厂 卮 厒 盾 盾 原 原 原 原 原 願 願 願 願 願 願
願 원할 원	활용한자 : 念願(염원)　哀願(애원)　請願(청원)　入學願書(입학원서)

✽ 아래 한자의 획순을 따라 연필로 바르게 써 보세요.

6급 14획	一 十 土 キ 吉 告 吉 查 壹 袁 袁 裷 裷 遠
遠 멀 원	활용한자: 遠客(원객) 遠視(원시) 遠距離(원거리) 望遠鏡(망원경)

6급 13획	丨 冂 冂 門 門 門 閈 園 園 園 園 園 園
園 동산 원	활용한자: 公園(공원) 庭園(정원) 園陵(원릉) 園頭幕(원두막)

4급 9획	丿 ク タ タ 夗 夗 怨 怨 怨
怨 원망할 원	활용한자: 怨望(원망) 怨聲(원성) 怨恨(원한) 怨讐(원수)

준4급 13획	丨 冂 冂 門 門 門 門 周 周 周 圓 圓 圓
圓 둥글 원	활용한자: 圓形(원형) 圓滿(원만) 半圓(반원) 圓滑(원활)

준4급 10획	丨 冂 冂 冂 肙 肙 肙 昌 員 員
員 인원 원	활용한자: 人員(인원) 社員(사원) 敎員(교원) 議員(의원)

4급 13획	丶 丶 氵 氵 沪 沪 沪 沪 沪 沪 源 源 源
源 근원 원	활용한자: 源泉(원천) 根源(근원) 語源(어원) 發源地(발원지)

4급 12획	一 十 扌 扌 扩 扩 扩 护 护 拧 援 援
援 도울 원	활용한자: 援助(원조) 支援(지원) 救援(구원) 應援(응원)

＊ 아래 한자의 획순을 따라 연필로 바르게 써 보세요.

5급 10획	´ ㄱ ㅏ ㅏ´ ㅏ` ㅏ` 阮 阮 阼 院						
院 집 원	활용한자 : 院長(원장) 學院(학원) 病院(병원) 監査院(감사원)						

8급 4획	╮ 刀 月 月						
月 달 월	활용한자 : 月給(월급) 月貰(월세) 月賦(월부) 月桂冠(월계관)						

5급 7획	´ 亻 亻´ 亻´ 亻` 位 位						
位 자리 위	활용한자 : 位置(위치) 位階(위계) 順位(순위) 地位(지위)						

4급 6획	´ ㄱ ㄠ 产 产 危						
危 위태할 위	활용한자 : 危殆(위태) 危險(위험) 危機一髮(위기일발) 安危(안위)						

준4급 12획	´ ㄱ ㄱ´ 尸´ 广 产 尸 爲 爲 爲 爲 爲						
爲 할 위	활용한자 : 爲民(위민) 爲國(위국) 營爲(영위) 爲政者(위정자)						

5급 11획	´ 亻 亻´ 亻´ 伫 传 侍 偉 偉 偉 偉						
偉 클 위	활용한자 : 偉人(위인) 偉大(위대) 偉力(위력) 偉容(위용)						

4급 9획	╯ 厂 厂 厂 反 反 威 威 威						
威 위엄 위	활용한자 : 威嚴(위엄) 威脅(위협) 威勢(위세) 威信(위신)						

圍~有 획순 따라 덧쓰기 연습

＊아래 한자의 획순을 따라 연필로 바르게 써 보세요.

4급 12획	丨冂冂冂冂冃冃冃周周圍圍圍						
圍	圍	圍	圍	圍	圍	圍	圍
에워쌀 위	활용한자 : 包圍(포위) 周圍(주위) 範圍(범위) 雰圍氣(분위기)						

준4급 15획	丿彳彳彳彳衍衍衍衙衙衛衛衛衛衛						
衛	衛	衛	衛	衛	衛	衛	衛
지킬 위	활용한자 : 防衛(방위) 衛生(위생) 衛兵(위병) 人工衛星(인공위성)						

4급 8획	一二千千禾禾委委						
委	委	委	委	委	委	委	委
맡길 위	활용한자 : 委託(위탁) 委囑(위촉) 委員(위원) 委任狀(위임장)						

4급 15획	尸尸尸尸尼尼尉尉尉尉尉尉慰慰慰						
慰	慰	慰	慰	慰	慰	慰	慰
위로할 위	활용한자 : 慰勞(위로) 慰問(위문) 慰安(위안) 慰藉料(위자료)						

6급 5획	丨冂日由由						
由	由	由	由	由	由	由	由
말미암을 유	활용한자 : 由來(유래) 由緒(유서) 事由(사유) 理由(이유)						

5급 8획	丶丶氵氵氵汩汩油油						
油	油	油	油	油	油	油	油
기름 유	활용한자 : 注油(주유) 精油(정유) 油田(유전) 油價(유가)						

7급 6획	丿ナ才有有有						
有	有	有	有	有	有	有	有
있을 유	활용한자 : 保有(보유) 所有(소유) 有能(유능) 有口無言(유구무언)						

遊~恩 획순 따라 덧쓰기 연습

＊아래 한자의 획순을 따라 연필로 바르게 써 보세요.

4급 13획	` ` 亠 亣 方 扩 芹 芹 斿 斿 游 游 游 遊
遊 놀 유	활용한자: 遊覽(유람)　遊興(유흥)　遊戲(유희)　遊園地(유원지)

4급 16획	` 冖 口 中 虫 串 毒 冑 冑 貴 貴 貴 遺 遺 遺 遺
遺 남길 유	활용한자: 遺産(유산)　遺物(유물)　遺稿(유고)　遺言(유언)

4급 8획	` ´ ´ ´ ´ ´ 亭 亨 乳
乳 젖 유	활용한자: 母乳(모유)　乳兒(유아)　牛乳(우유)　乳製品(유제품)

4급 16획	ノ イ イ´ 仁´ 仁´ 俨 俨 儒 儒 儒 儒 儒 儒 儒 儒
儒 선비 유	활용한자: 儒生(유생)　儒林(유림)　儒敎(유교)　焚書坑儒(분서갱유)

준4급 6획	｜ 冂 内 内 肉 肉
肉 고기 육	활용한자: 肉類(육류)　肉食(육식)　肉體(육체)　精肉店(정육점)

7급 8획	` 亠 亠 云 六 育 育 育
育 기를 육	활용한자: 育成(육성)　飼育(사육)　養育(양육)　育英事業(육영사업)

준4급 10획	｜ 冂 冂 冃 囙 因 因 恩 恩 恩
恩 은혜 은	활용한자: 恩惠(은혜)　恩寵(은총)　恩功(은공)　結草報恩(결초보은)

※ 아래 한자의 획순을 따라 연필로 바르게 써 보세요.

6급 14획	ノ ナ ナ 쇼 乍 乍 乍 金 釗 釘 釘 鈤 鈤 銀 銀
銀	銀 銀 銀 銀 銀 銀 銀
은 은	활용한자 : 銀貨(은화) 銀行(은행) 銀盤(은반) 銀河水(은하수)

4급 17획	' ' ' ß ß' ß' ß'' ßⁿ ß阝 隆 隱 隱 隱 隱 隱 隱
隱	隱 隱 隱 隱 隱 隱 隱
숨을 은	활용한자 : 隱身(은신) 隱遁(은둔) 隱語(은어) 隱喩法(은유법)

6급 9획	` ㅗ ㅗ ㅎ 立 产 斉 音 音
音	音 音 音 音 音 音 音
소리 음	활용한자 : 音聲(음성) 音樂(음악) 音質(음질) 音聲言語(음성언어)

6급 13획	ノ ナ ナ 쇼 乍 乍 乍 官 宣 宣 宣 飮 飮
飮	飮 飮 飮 飮 飮 飮 飮
마실 음	활용한자 : 飮料(음료) 飮福(음복) 飮酒(음주) 飮食店(음식점)

준4급 11획	' ' ß ß' ß\ ß人 ß会 ß会 陰 陰 陰
陰	陰 陰 陰 陰 陰 陰 陰
그늘 음	활용한자 : 陰地(음지) 陰謀(음모) 陰散(음산) 陰凶(음흉)

7급 7획	` ㅁ ㅁ 무 뮤 뮴 邑
邑	邑 邑 邑 邑 邑 邑 邑
고을 읍	활용한자 : 邑長(읍장) 邑內(읍내) 邑村(읍촌) 都邑(도읍)

준4급 17획	` ㅗ 广 广 广 广 庐 庐 庐 府 府 庐 雁 雁 雁 應 應
應	應 應 應 應 應 應 應
응할 응	활용한자 : 應答(응답) 應試(응시) 應援(응원) 質疑應答(질의응답)

＊ 아래 한자의 획순을 따라 연필로 바르게 써 보세요.

6급 6획	` 一 ナ 才 衣 衣

衣

옷 의 　활용한자: 衣裳(의상)　衣服(의복)　衣類(의류)　好衣好食(호의호식)

4급 8획	ノ イ イ' 仁 疒 庐 依 依

依

의지할 의 　활용한자: 依賴(의뢰)　依支(의지)　依託(의탁)　舊態依然(구태의연)

준4급 13획	` ` 一 并 兰 羊 羊 羊 美 義 義 義 義

義

옳을 의 　활용한자: 義理(의리)　義務(의무)　正義(정의)　義士(의사)

준4급 20획	` 一 亠 言 言 言 言 言' 言" 言" 言" 詳 詳 詳 詳 議 議 議

議

의논할 의 　활용한자: 議論(의논)　議決(의결)　抗議(항의)　議案(의안)

6급 18획	一 丁 戸 丏 歹 医 医 医 医 医 医 医 医 医 医 医 医

醫

의원 의 　활용한자: 醫院(의원)　醫師(의사)　韓醫院(한의원)　醫療保險(의료보험)

6급 13획	` 一 亠 立 产 产 音 音 音 音 意 意 意

意

뜻 의 　활용한자: 意見(의견)　意圖(의도)　意味深長(의미심장)　主體意識(주체의식)

4급 15획	ノ イ イ' イ' イ' 伫 伫 伴 伴 儀 儀 儀 儀

儀

거동 의 　활용한자: 儀禮(의례)　禮儀(예의)　儀仗隊(의장대)　禮儀凡節(예의범절)

疑~益 획순 따라 덧쓰기 연습

＊ 아래 한자의 획순을 따라 연필로 바르게 써 보세요.

4급 14획	` ヒ ヒ ヒ ヒ ヒ 髱 髱 髱 髱 疑 疑 疑 疑
疑	疑 疑 疑 疑 疑 疑 疑
의심할 의	활용한자 : 疑心(의심) 疑問(의문) 疑惑(의혹) 疑懼(의구)

8급 2획	ー 二
二	二 二 二 二 二 二 二
두 이	활용한자 : 二月(이월) 二等(이등) 二重星(이중성) 二輪車(이륜차)

5급 5획	l レ レ 以 以
以	以 以 以 以 以 以 以
써 이	활용한자 : 以上(이상) 以下(이하) 以往(이왕) 以心傳心(이심전심)

5급 6획	ー T T F 王 耳
耳	耳 耳 耳 耳 耳 耳 耳
귀 이	활용한자 : 耳目(이목) 耳鳴(이명) 耳目口鼻(이목구비) 馬耳東風(마이동풍)

4급 11획	` 冂 日 用 田 呷 呷 昪 異 異 異
異	異 異 異 異 異 異 異
다를 이	활용한자 : 異端(이단) 異變(이변) 異邦人(이방인) 異口同聲(이구동성)

준4급 11획	` 二 千 禾 禾 禾 移 移 移 移 移
移	移 移 移 移 移 移 移
옮길 이	활용한자 : 移徙(이사) 移轉(이전) 移動(이동) 移秧期(이앙기)

준4급 10획	` 八 公 公 グ 谷 谷 谷 益 益
益	益 益 益 益 益 益 益
더할 익	활용한자 : 權益(권익) 有益(유익) 損益(손익) 益者三友(익자삼우)

人~一 획순 따라 덧쓰기 연습

＊ 아래 한자의 획순을 따라 연필로 바르게 써 보세요.

8급 2획	ノ 人
人	人　人　人　人　人　人　人
사람 인	활용한자: 人間(인간)　人格(인격)　人形(인형)　八方美人(팔방미인)

준4급 4획	ᄀ ᄀ 弓 引
引	引　引　引　引　引　引　引
끌 인	활용한자: 引率(인솔)　引渡(인도)　引揚(인양)　牽引車(견인차)

4급 4획	ノ イ 仁 仁
仁	仁　仁　仁　仁　仁　仁　仁
어질 인	활용한자: 仁慈(인자)　仁政(인정)　仁德(인덕)　仁術(인술)

5급 6획	l 冂 冂 闬 闲 因
因	因　因　因　因　因　因
인할 인	활용한자: 因習(인습)　因緣(인연)　原因(원인)　因果應報(인과응보)

준4급 14획	` ˋ ᅥ ᅥ ᅥ 言 言 訁 訒 訒 認 認 認 認
認	認　認　認　認　認　認　認
알 인	활용한자: 認識(인식)　認定(인정)　認許(인허)　確認(확인)

준4급 6획	ˊ ᅡ ᅡ ᅣ 印 印
印	印　印　印　印　印　印　印
도장 인	활용한자: 印鑑(인감)　印章(인장)　印朱(인주)　印刷(인쇄)

8급 1획	一
一	一　一　一　一　一　一　一
한 일	활용한자: 一念(일념)　一貫(일관)　一切(일체)　天下一色(천하일색)

＊아래 한자의 획순을 따라 연필로 바르게 써 보세요.

8급 4획	ㅣ 冂 冃 日
日	日 日 日 日 日 日 日
날 일	활용한자 : 日課(일과) 日蝕(일식) 日夜(일야) 日就月將(일취월장)

5급 6획	ノ イ イ 仁 任 任
任	任 任 任 任 任 任 任
맡길 임	활용한자 : 任務(임무) 任期(임기) 責任(책임) 擔任(담임)

7급 2획	ノ 入
入	入 入 入 入 入 入 入
들 입	활용한자 : 入金(입금) 入選(입선) 入城(입성) 出入口(출입구)

7급 3획	ㄱ 了 子
子	子 子 子 子 子 子 子
아들 자	활용한자 : 子息(자식) 子女(자녀) 四君子(사군자) 子孫萬代(자손만대)

7급 6획	` ` 宀 宀 字 字
字	字 字 字 字 字 字 字
글자 자	활용한자 : 文字(문자) 漢字(한자) 字幕(자막) 字音(자음)

7급 6획	` イ 冂 自 自 自
自	自 自 自 自 自 自 自
스스로 자	활용한자 : 自然(자연) 自重(자중) 自治(자치) 自激之心(자격지심)

6급 9획	一 十 土 耂 耂 耂 者 者 者
者	者 者 者 者 者 者 者
놈 자	활용한자 : 著者(저자) 筆者(필자) 當事者(당사자) 消費者(소비자)

제97차 姉~雜 획순 따라 덧쓰기 연습

＊아래 한자의 획순을 따라 연필로 바르게 써 보세요.

4급 8획	㇋ ㇄ ㅈ ㅈ 圹 圹 妡 姉
姉	
손윗누이 자	활용한자 : 姉妹(자매) 姉兄(자형) 姉母會(자모회) 姉妹結緣(자매결연)

4급 13획	㇏ ㇁ ㇁ 次 次 次 资 资 资 资 资 資 資
資	
재물 자	활용한자 : 資金(자금) 資本(자본) 資格(자격) 資力(자력)

4급 9획	㇏ ㇁ ㇁ 次 次 次 次 姿 姿
姿	
모양 자	활용한자 : 姿勢(자세) 姿態(자태) 雄姿(웅자) 姿質(자질)

6급 7획	ノ イ イ 作 作 作 作
作	
지을 작	활용한자 : 作曲(작곡) 作業(작업) 作品(작품) 作心三日(작심삼일)

6급 9획	丨 冂 月 日 日' 旷 旷 昨 昨
昨	
어제 작	활용한자 : 昨年(작년) 昨夢(작몽) 昨夜(작야) 再昨年(재작년)

4급 12획	一 丆 歹 歹 歹 残 残 残 残 残 残 殘
殘	
잔인할/남을 잔	활용한자 : 殘額(잔액) 殘金(잔금) 殘留(잔류) 同族相殘(동족상잔)

4급 18획	㇏ ㇁ ㇁ 亠 立 辛 辛 辛 亲 新 新 新 雜 雜 雜 雜
雜	
섞일 잡	활용한자 : 雜食(잡식) 雜草(잡초) 雜音(잡음) 雜談(잡담)

164

제98차

* 아래 한자의 획순을 따라 연필로 바르게 써 보세요.

8급 8획	丨 ｆ ｆ ｆ 手 長 長 長						
長	長	長	長	長	長	長	長
긴/어른 장	활용한자 : 長劍(장검) 長男(장남) 長官(장관) 長距離(장거리)						

6급 11획	丶 丶 亠 立 产 斉 咅 咅 音 童 章						
章	章	章	章	章	章	章	章
글 장	활용한자 : 文章(문장) 憲章(헌장) 圖章(도장) 體力章(체력장)						

7급 12획	一 ｆ 土 圡 圴 坦 坦 坦 場 場 場 場						
場	場	場	場	場	場	場	場
마당 장	활용한자 : 廣場(광장) 劇場(극장) 場所(장소) 開場(개장)						

준4급 11획	丨 ｊ ｊ ｊ ｊ ｊ ｊ ｊ 將 將						
將	將	將	將	將	將	將	將
장수 장	활용한자 : 將軍(장군) 將校(장교) 老將(노장) 日就月將(일취월장)						

4급 7획	丨 ｊ ｊ ｊ 爿 壯 壯						
壯	壯	壯	壯	壯	壯	壯	壯
씩씩할/장할 장	활용한자 : 壯觀(장관) 壯烈(장렬) 宏壯(굉장) 天下壯士(천하장사)						

4급 11획	了 弓 引 引 弨 弨 張 張 張 張						
張	張	張	張	張	張	張	張
베풀 장	활용한자 : 誇張(과장) 擴張(확장) 張本人(장본인) 出張(출장)						

4급 11획	丨 冂 巾 巾 帜 帜 帜 帳 帳 帳 帳						
帳	帳	帳	帳	帳	帳	帳	帳
장막 장	활용한자 : 帳幕(장막) 通帳(통장) 日記帳(일기장) 布帳馬車(포장마차)						

＊ 아래 한자의 획순을 따라 연필로 바르게 써 보세요.

4급 13획	丨 ㅓ ㅓ ㅓ ㅓ ㅓ ㅓ 壯 壯 裝 裝 裝 裝
裝	裝 裝 裝 裝 裝 裝 裝
꾸밀 장	활용한자 : 裝飾(장식) 裝置(장치) 裝備(장비) 武裝(무장)

4급 14획	丨 ㅓ ㅓ ㅓ ㅓ ㅓ 㸰 㸰 㸰 將 將 獎 獎 獎
獎	獎 獎 獎 獎 獎 獎 獎
장려할 장	활용한자 : 獎勵(장려) 推獎(추장) 獎學金(장학금) 獎勵賞(장려상)

준4급 14획	ㅣ ㅓ ㅓ ㅓ ㅓ ㅓ 障 障 障 障 障 障 障
障	障 障 障 障 障 障 障
막을 장	활용한자 : 障壁(장벽) 障害(장해) 支障(지장) 安全保障(안전보장)

4급 13획	丿 刀 月 月 月 月 月 腸 腸 腸 腸 腸 腸
腸	腸 腸 腸 腸 腸 腸 腸
창자 장	활용한자 : 腸炎(장염) 小腸(소장) 大腸菌(대장균) 十二指腸(십이지장)

6급 3획	一 十 才
才	才 才 才 才 才 才 才
재주 재	활용한자 : 才能(재능) 才幹(재간) 天才(천재) 多才多能(다재다능)

5급 7획	一 十 才 木 木 村 材
材	材 材 材 材 材 材 材
재목 재	활용한자 : 資材(자재) 材質(재질) 材料(재료) 機資材(기자재)

5급 10획	丨 冂 冂 月 目 貝 貝 財 財 財
財	財 財 財 財 財 財 財
재물 재	활용한자 : 財物(재물) 財閥(재벌) 財團(재단) 文化財(문화재)

在~底 획순 따라 덧쓰기 연습

＊아래 한자의 획순을 따라 연필로 바르게 써 보세요.

6급 6획	一 ナ 才 右 在 在
在	在 在 在 在 在 在 在
있을 재	활용한자 : 現在(현재) 在庫(재고) 在學生(재학생) 命在頃刻(명재경각)

5급 6획	一 丆 冂 冃 再 再
再	再 再 再 再 再 再 再
두 재	활용한자 : 再生(재생) 再考(재고) 再建(재건) 非一非再(비일비재)

5급 7획	` `` ``` ``` ``⁀ 災
災	災 災 災 災 災 災 災
재앙 재	활용한자 : 災害(재해) 災難(재난) 災殃(재앙) 天災地變(천재지변)

5급 8획	` ´ ⺈ ⺈ 乎 乎 爭 爭
爭	爭 爭 爭 爭 爭 爭 爭
다툴 쟁	활용한자 : 競爭(경쟁) 論爭(논쟁) 爭奪(쟁탈) 鬪爭(투쟁)

5급 12획	丨 冂 冂 月 目 貝 貝 貯 貯 貯 貯 貯
貯	貯 貯 貯 貯 貯 貯 貯
쌓을 저	활용한자 : 貯蓄(저축) 貯金(저금) 貯藏(저장) 貯水池(저수지)

준4급 7획	ノ イ イ 仟 仟 低 低
低	低 低 低 低 低 低 低
낮을 저	활용한자 : 低俗(저속) 低調(저조) 低質(저질) 低利(저리)

4급 8획	` 一 广 广 庐 庐 底 底
底	底 底 底 底 底 底 底
밑 저	활용한자 : 底力(저력) 海底(해저) 底邊(저변) 徹底(철저)

的~積 획순 따라 덧쓰기 연습

＊ 아래 한자의 획순을 따라 연필로 바르게 써 보세요.

5급 8획	´ ´ ´ ´ ´ ´ ´ 白 白 白 的 的						
的 과녁 적	的	的	的	的	的	的	的
	활용한자 : 的中(적중)　標的(표적)　目的(목적)　公的(공적)						

5급 7획	一 十 土 キ 亦 赤 赤						
赤 붉을 적	赤	赤	赤	赤	赤	赤	赤
	활용한자 : 赤字(적자)　赤色(적색)　赤道(적도)　赤十字(적십자)						

4급 15획	` ` ` ` 广 产 产 产 商 商 商 商 滴 滴 適						
適 맞을 적	適	適	適	適	適	適	適
	활용한자 : 適當(적당)　適期(적기)　適任者(적임자)　適材適所(적재적소)						

준4급 15획	` ` ` ` 广 产 产 产 商 商 商 商 商 敵 敵						
敵 대적할 적	敵	敵	敵	敵	敵	敵	敵
	활용한자 : 對敵(대적)　敵手(적수)　敵陣(적진)　敵愾心(적개심)						

4급 20획	´ ´ ´ ´ ´´ ´´ ´´ ´´ 竺 竺 筆 筆 筚 筚 箝 箝 籍 籍 籍						
籍 문서 적	籍	籍	籍	籍	籍	籍	籍
	활용한자 : 書籍(서적)　學籍(학적)　戶籍(호적)　國籍(국적)						

4급 13획	l ﾛ ﾛ ﾛ ﾛ ﾛ 目 貝 貝 貶 貶 賊 賊 賊						
賊 도둑 적	賊	賊	賊	賊	賊	賊	賊
	활용한자 : 海賊(해적)　盜賊(도적)　賊反荷杖(적반하장)　逆賊謀議(역적모의)						

4급 16획	` ` 二 千 禾 禾 禾 禾 秆 秳 秳 積 積 積 積 積						
積 쌓을 적	積	積	積	積	積	積	積
	활용한자 : 積載(적재)　累積(누적)　積極(적극)　積立金(적립금)						

＊ 아래 한자의 획순을 따라 연필로 바르게 써 보세요.

4급 17획	｜ ¼ ½ ¾ 糸 糸 糸 糸 糸 糸 績 績 績 績 績 績 績
績 길쌈 적	활용한자 : 功績(공적) 業績(업적) 成績(성적) 實績(실적)

준4급 5획	｜ 冂 冂 田 田
田 밭 전	활용한자 : 田畓(전답) 田園(전원) 油田(유전) 桑田碧海(상전벽해)

7급 6획	ノ 入 仝 仝 全 全
全 온전 전	활용한자 : 全部(전부) 完全(완전) 全國(전국) 安全第一(안전제일)

5급 8획	｜ 冂 曰 曲 曲 曲 典 典
典 법/맡길 전	활용한자 : 法典(법전) 辭典(사전) 經典(경전) 典當(전당)

7급 9획	` ` 丷 广 芀 芀 前 前 前
前 앞 전	활용한자 : 前方(전방) 前面(전면) 前科(전과) 前奏曲(전주곡)

5급 10획	┐ ㄱ 尸 尸 尸 屏 屏 屏 展 展
展 펼 전	활용한자 : 發展(발전) 展望(전망) 展示會(전시회) 展覽會(전람회)

6급 16획	` ` ` ` 卜 卜 卝 閂 閂 単 単 単 戰 戰 戰 戰
戰 싸움 전	활용한자 : 戰鬪(전투) 戰術(전술) 戰爭(전쟁) 山戰水戰(산전수전)

電~絶 획순 따라 덧쓰기 연습

＊ 아래 한자의 획순을 따라 연필로 바르게 써 보세요.

7급 13획	一 厂 厅 币 币 币 币 雨 雨 雨 雪 雪 雷 電						
電	電	電	電	電	電	電	電
번개 전	활용한자 : 電氣(전기) 電力(전력) 電話(전화) 電光石火(전광석화)						

4급 16획	ノ ノ ト 七 午 年 年 金 金 釷 釒 鈩 錢 錢 錢 錢						
錢	錢	錢	錢	錢	錢	錢	錢
돈 전	활용한자 : 銅錢(동전) 葉錢(엽전) 急錢(급전) 金錢出納簿(금전출납부)						

5급 13획	ノ 亻 亻 亻 仃 価 価 伸 僮 僮 僮 傳 傳						
傳	傳	傳	傳	傳	傳	傳	傳
전할 전	활용한자 : 傳達(전달) 傳送(전송) 傳說(전설) 傳播(전파)						

4급 11획	一 厂 厂 百 百 東 車 車 専 専 専						
專	專	專	專	專	專	專	專
오로지 전	활용한자 : 專念(전념) 專攻(전공) 專修(전수) 專門家(전문가)						

4급 18획	一 厂 厂 百 百 亘 車 軒 軒 軒 軒 軒 轉 轉 轉 轉 轉						
轉	轉	轉	轉	轉	轉	轉	轉
구를 전	활용한자 : 回轉(회전) 轉換(전환) 轉出(전출) 轉禍爲福(전화위복)						

5급 15획	ノ ト 七 七 キ キキ キ キ 竺 竺 笁 笁 筲 筲 節 節						
節	節	節	節	節	節	節	節
마디 절	활용한자 : 節度(절도) 節約(절약) 節氣(절기) 節槪(절개)						

준4급 12획	´ ㄠ ㄠ 幺 糸 糸 糸 糽 約 �“ 絶 絶						
絶	絶	絶	絶	絶	絶	絶	絶
끊을 절	활용한자 : 絶交(절교) 絶斷(절단) 拒絶(거절) 絶世佳人(절세가인)						

＊아래 한자의 획순을 따라 연필로 바르게 써 보세요.

5급 4획	一 七 切 切
切	切 切 切 切 切 切 切
끊을 절/온통 체	활용한자 : 切斷(절단) 品切(품절) 切迫(절박) 一切(일체)

4급 7획	一 十 才 扌 扩 折 折
折	折 折 折 折 折 折 折
꺾을 절	활용한자 : 曲折(곡절) 挫折(좌절) 折半(절반) 折衷案(절충안)

5급 8획	丶 亠 广 广 庁 店 店 店
店	店 店 店 店 店 店 店
가게 점	활용한자 : 店鋪(점포) 店員(점원) 書店(서점) 百貨店(백화점)

4급 5획	丨 卜 卜 占 占
占	占 占 占 占 占 占 占
점령할/점칠 점	활용한자 : 占有(점유) 占據(점거) 占術(점술) 占星術(점성술)

4급 17획	丨 冂 冂 曱 日 旦 甲 里 里 黑 黑 黑 黑 黑 點 點 點 點
點	點 點 點 點 點 點 點
점 점	활용한자 : 點火(점화) 點燈(점등) 點檢(점검) 點呼(점호)

준4급 11획	一 十 才 扌 扩 扩 护 护 按 接 接
接	接 接 接 接 接 接 接
접할/이을 접	활용한자 : 接觸(접촉) 接見(접견) 接着(접착) 接續(접속)

4급 2획	一 丁
丁	丁 丁 丁 丁 丁 丁 丁
장정/고무래 정	활용한자 : 壯丁(장정) 白丁(백정) 丁年(정년) 甲乙丙丁(갑을병정)

제105차 停~靜 획순 따라 덧쓰기 연습

※ 아래 한자의 획순을 따라 연필로 바르게 써 보세요.

5급 11획	ノ 亻 亻 仁 广 广 停 停 停 停 停
停 머무를 정	활용한자: 停止(정지) 停年(정년) 停電(정전) 停留場(정류장)

7급 5획	一 丁 下 正 正
正 바를 정	활용한자: 正確(정확) 正答(정답) 正價(정가) 正當防衛(정당방위)

준4급 9획	一 丁 下 正 正 政 政 政 政
政 정사 정	활용한자: 政治(정치) 政權(정권) 行政府(행정부) 臨時政府(임시정부)

6급 8획	丶 宀 宀 宀 宀 定 定 定
定 정할 정	활용한자: 定員(정원) 定義(정의) 定限(정한) 定足數(정족수)

준4급 14획	丶 丷 半 米 米 米 米 精 精 精 精 精
精 정할 정	활용한자: 精密(정밀) 精巧(정교) 精潔(정결) 精氣(정기) 精米所(정미소)

5급 11획	丶 丶 忄 忄 忄 忄 忄 忄 情 情 情
情 뜻 정	활용한자: 情談(정담) 情熱(정열) 情緒(정서) 多情多感(다정다감)

4급 16획	一 一 十 主 丰 靑 靑 靑 靑 靑 靜 靜 靜 靜 靜
靜 고요할 정	활용한자: 靜寂(정적) 靜肅(정숙) 安靜(안정) 鎭靜(진정)

庭~帝 획순 따라 덧쓰기 연습

＊ 아래 한자의 획순을 따라 연필로 바르게 써 보세요.

6급 10획	` 一 广 广 广 庐 庐 庭 庭 庭
庭	庭 庭 庭 庭 庭 庭 庭
뜰 정	활용한자 : 庭園(정원) 家庭(가정) 庭訓(정훈) 親庭(친정)

준4급 12획	` 二 千 手 禾 禾 利 和 稈 程 程 程
程	程 程 程 程 程 程 程
한도/길 정	활용한자 : 規程(규정) 程度(정도) 日程(일정) 科程(과정)

4급 16획	` 一 ̄ 日 日 申 束 束 東 敕 勅 敕 敕 整 整 整
整	整 整 整 整 整 整 整
가지런할 정	활용한자 : 整頓(정돈) 整列(정렬) 整理(정리) 調整(조정)

8급 7획	` ` ` ̄ 当 弟 弟 弟
弟	弟 弟 弟 弟 弟 弟
아우 제	활용한자 : 弟子(제자) 妹弟(매제) 弟夫(제부) 首弟子(수제자)

6급 11획	ノ ト ト 竺 竺 竺 笋 笋 第 第 第
第	第 第 第 第 第 第 第
차례 제	활용한자 : 第一(제일) 登第(등제) 及第(급제) 第三者(제삼자)

준4급 11획	ノ ク タ タ タ 夗 奴 怒 祭 祭 祭
祭	祭 祭 祭 祭 祭 祭 祭
제사 제	활용한자 : 祭祀(제사) 祭香(제향) 祭酒(제주) 祭器(제기)

4급 9획	` 亠 亠 亠 产 产 产 帝 帝
帝	帝 帝 帝 帝 帝 帝 帝
임금 제	활용한자 : 皇帝(황제) 帝王(제왕) 帝國主義(제국주의) 玉皇上帝(옥황상제)

제107차 題~濟 획순 따라 덧쓰기 연습

＊ 아래 한자의 획순을 따라 연필로 바르게 써 보세요.

6급 18획	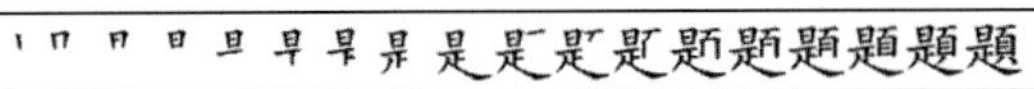						
題	題	題	題	題	題	題	題
제목 제	활용한자 : 題目(제목) 問題(문제) 話題(화제) 宿題(숙제)						

준4급 10획	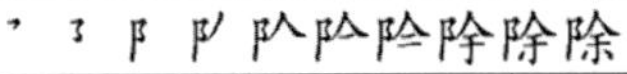						
除	除	除	除	除	除	除	除
덜 제	활용한자 : 免除(면제) 除名(제명) 除籍(제적) 除去(제거)						

준4급 14획	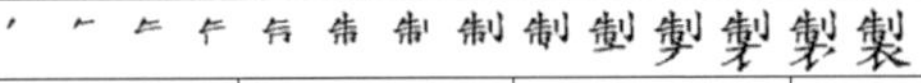						
製	製	製	製	製	製	製	製
지을 제	활용한자 : 製作(제작) 製造(제조) 製品(제품) 製菓(제과)						

준4급 12획	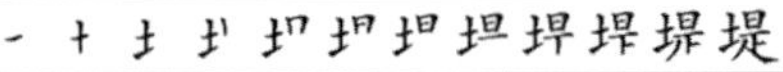						
提	提	提	提	提	提	提	提
끌 제	활용한자 : 提案(제안) 提携(제휴) 提起(제기) 提供(제공)						

준4급 8획	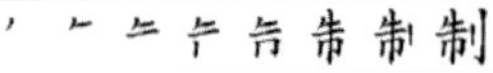						
制	制	制	制	制	制	制	制
절제할 제	활용한자 : 抑制(억제) 制限(제한) 制御(제어) 制度(제도)						

준4급 14획	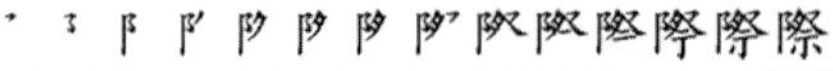						
際	際	際	際	際	際	際	際
즈음/가 제	활용한자 : 交際(교제) 實際(실제) 國際交流(국제교류) 國際空港(국제공항)						

준4급 17획	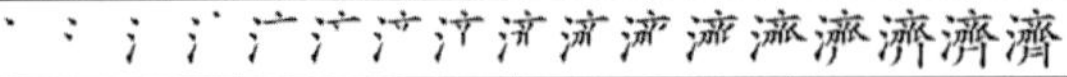						
濟	濟	濟	濟	濟	濟	濟	濟
건널 제	활용한자 : 經濟(경제) 濟民(제민) 救濟(구제) 濟州道(제주도)						

* 아래 한자의 획순을 따라 연필로 바르게 써 보세요.

준4급 6획	丨 冂 冂 日 旦 早						
早	早	早	早	早	早	早	早
이를 조	활용한자 : 早期(조기) 早熟(조숙) 早退(조퇴) 早期敎育(조기교육)						

준4급 11획	丿 亠 屮 生 屮 告 告 造 造 造 造						
造	造	造	造	造	造	造	造
지을 조	활용한자 : 造成(조성) 造景(조경) 改造(개조) 造物主(조물주)						

준4급 11획	丿 亻 冂 冂 冃 自 鳥 鳥 鳥 鳥 鳥						
鳥	鳥	鳥	鳥	鳥	鳥	鳥	鳥
새 조	활용한자 : 鳥類(조류) 吉鳥(길조) 鳥獸(조수) 鳥瞰圖(조감도)						

5급 15획	丶 亠 亠 言 言 言 訂 訂 訂 訂 調 調 調 調						
調	調	調	調	調	調	調	調
고를 조	활용한자 : 調節(조절) 調整(조정) 調和(조화) 調味料(조미료)						

6급 12획	一 十 十 古 古 古 卓 卓 朝 朝 朝 朝						
朝	朝	朝	朝	朝	朝	朝	朝
아침 조	활용한자 : 朝夕(조석) 朝會(조회) 朝餐(조찬) 朝三暮四(조삼모사)						

준4급 7획	丨 冂 冃 冃 且 助 助						
助	助	助	助	助	助	助	助
도울 조	활용한자 : 助力(조력) 助言(조언) 援助(원조) 協助(협조)						

7급 10획	丶 二 亍 亓 示 示 和 和 祖 祖						
祖	祖	祖	祖	祖	祖	祖	祖
할아비 조	활용한자 : 祖上(조상) 祖父(조부) 元祖(원조) 始祖(시조)						

操~存 획순 따라 덧쓰기 연습

＊ 아래 한자의 획순을 따라 연필로 바르게 써 보세요.

5급 16획	一 十 扌 扌 扩 扩 扨 押 押 押 操 操 操 撑 撐 操
操 잡을 조	활용한자 : 操作(조작) 操業(조업) 體操(체조) 操縱士(조종사)

4급 11획	ノ イ 亻 亻 伦 佟 佟 修 條 條 條
條 가지 조	활용한자 : 條目(조목) 條項(조항) 條約(조약) 不條理(부조리)

4급 15획	丶 丶 氵 汀 汁 沽 沽 泸 泗 淖 淖 潮 潮 潮 潮
潮 조수 조	활용한자 : 潮流(조류) 潮水(조수) 干潮(간조) 滿潮(만조)

4급 11획	乙 幺 幺 爰 糸 糸 糸 糺 組 組 組 組
組 짤 조	활용한자 : 組閣(조각) 組成(조성) 組織(조직) 改組(개조)

7급 7획	丶 口 口 무 무 뮤 足
足 발 족	활용한자 : 足指(족지) 足掌(족장) 豊足(풍족) 充足(충족)

6급 11획	丶 ㄴ 方 方 方 扩 扩 扩 族 族
族 겨레 족	활용한자 : 民族(민족) 族譜(족보) 家族(가족) 親族(친족)

4급 6획	一 ナ 才 不 存 存
存 있을 존	활용한자 : 存在(존재) 存廢(존폐) 存續(존속) 存立(존립)

＊ 아래 한자의 획순을 따라 연필로 바르게 써 보세요.

준4급 12획	ノ ハ ハ ゟ 产 产 筒 筒 筒 筒 筒 尊 尊						
尊	尊	尊	尊	尊	尊	尊	尊
높을 존	활용한자 : 尊敬(존경) 尊重(존중) 尊稱(존칭) 自尊(자존)						

5급 8획	` 亠 广 宀 宀 亦 立 卒						
卒	卒	卒	卒	卒	卒	卒	卒
마칠 졸	활용한자 : 卒業(졸업) 卒兵(졸병) 卒倒(졸도) 腦卒中(뇌졸중)						

준4급 8획	` ` 宀 宀 宀 宇 宗 宗						
宗	宗	宗	宗	宗	宗	宗	宗
마루 종	활용한자 : 宗家(종가) 宗廟(종묘) 宗派(종파) 宗主國(종주국)						

5급 14획	´ ㅗ 千 禾 禾 禾 利 利 秆 稻 稻 種 種 種						
種	種	種	種	種	種	種	種
씨 종	활용한자 : 種子(종자) 種目(종목) 種族(종족) 種類(종류)						

4급 17획	ノ 入 タ 午 年 年 全 金 金 金 釒 釤 鈺 鈺 鈺 鐘 鐘						
鐘	鐘	鐘	鐘	鐘	鐘	鐘	鐘
쇠북 종	활용한자 : 鐘閣(종각) 鐘塔(종탑) 鐘樓(종루) 自鳴鐘(자명종)						

5급 11획	´ ㅣ 幺 幺 幺 糸 糸 紅 終 終 終						
終	終	終	終	終	終	終	終
마칠 종	활용한자 : 終結(종결) 終末(종말) 終了(종료) 終點(종점)						

4급 11획	´ ㄅ 彳 彳 彳 彷 從 從 從 從 從						
從	從	從	從	從	從	從	從
좇을 종	활용한자 : 從軍(종군) 從來(종래) 順從(순종) 從事(종사)						

左~朱 획순 따라 덧쓰기 연습

＊아래 한자의 획순을 따라 연필로 바르게 써 보세요.

7급 5획	一 ナ ナ 左 左
左	左 左 左 左 左 左 左
왼 좌	활용한자: 左側(좌측) 證左(증좌) 左遷(좌천) 左衝右突(좌충우돌)

4급 10획	丶 广 广 庀 庀 庐 座 座 座
座	座 座 座 座 座 座 座
자리 좌	활용한자: 座席(좌석) 座談(좌담) 講座(강좌) 座右銘(좌우명)

5급 13획	丶 冂 冂 罒 罒 罘 罪 罪 罪 罪 罪 罪
罪	罪 罪 罪 罪 罪 罪 罪
허물 죄	활용한자: 罪人(죄인) 罪名(죄명) 罪囚(죄수) 犯罪(범죄)

7급 5획	丶 一 亠 キ 主
主	主 主 主 主 主 主 主
임금/주인 주	활용한자: 主人(주인) 主演(주연) 主觀(주관) 民主(민주)

6급 8획	丶 冫 氵 氵 汁 汁 注 注
注	注 注 注 注 注 注 注
부을 주	활용한자: 注射(주사) 注視(주시) 注油所(주유소) 注入式(주입식)

7급 7획	丿 亻 亻 亻 住 住 住
住	住 住 住 住 住 住 住
살 주	활용한자: 住居(주거) 住宅(주택) 住所(주소) 住民(주민)

4급 6획	丿 一 二 牛 牛 朱
朱	朱 朱 朱 朱 朱 朱 朱
붉을 주	활용한자: 朱紅(주홍) 朱黃(주황) 朱丹(주단) 印朱(인주)

走~竹 획순 따라 덧쓰기 연습

※ 아래 한자의 획순을 따라 연필로 바르게 써 보세요.

준4급 7획	一 十 土 圥 走 走 走						
走	走	走	走	走	走	走	走
달릴 주	활용한자 : 競走(경주) 奔走(분주) 走法(주법) 走馬燈(주마등)						

4급 10획	丶 丶 氵 汀 汀 沂 沔 洒 洒 酒						
酒	酒	酒	酒	酒	酒	酒	酒
술 주	활용한자 : 飮酒(음주) 藥酒(약주) 禁酒(금주) 傳統酒(전통주)						

6급 11획	一 ㄱ 크 尹 聿 聿 書 書 書 書 晝						
晝	晝	晝	晝	晝	晝	晝	晝
낮 주	활용한자 : 晝間(주간) 白晝(백주) 晝夜(주야) 晝耕夜讀(주경야독)						

4급 8획	丿 刀 月 月 用 用 周 周						
周	周	周	周	周	周	周	周
두루 주	활용한자 : 周邊(주변) 周圍(주위) 周旋(주선) 周圍環境(주위환경)						

5급 6획	丶 丿 少 州 州 州						
州	州	州	州	州	州	州	州
고을 주	활용한자 : 州郡(주군) 全州(전주) 光州(광주) 沿海州(연해주)						

5급 12획	丿 刀 月 月 用 用 周 周 周 调 调 週						
週	週	週	週	週	週	週	週
주일 주	활용한자 : 週末(주말) 週日(주일) 週番(주번) 每週(매주)						

준4급 6획	丿 ㅗ 入 竹 竹 竹						
竹	竹	竹	竹	竹	竹	竹	竹
대 죽	활용한자 : 竹筍(죽순) 竹槍(죽창) 竹杖(죽장) 竹馬故友(죽마고우)						

準~支 획순 따라 덧쓰기 연습

✼ 아래 한자의 획순을 따라 연필로 바르게 써 보세요.

준4급 13획	`ヽヽゝゝジジジジ淮淮淮準準準
準	
법/준할 준	활용한자 : 準則(준칙) 標準(표준) 準備(준비) 準優勝(준우승)

8급 4획	`丶口口中
中	
가운데 중	활용한자 : 中央(중앙) 中心(중심) 中間(중간) 中立(중립)

7급 9획	`一一千千千百百重重
重	
무거울/거듭 중	활용한자 : 重量(중량) 重責(중책) 重複(중복) 重疊(중첩)

준4급 12획	`ヽイ白白血血血血弇衆衆衆
衆	
무리 중	활용한자 : 大衆(대중) 民衆(민중) 觀衆(관중) 衆寡不敵(중과부적)

준4급 15획	`一十土土圹圹圹圹圹圹坤坤塯增增增
增	
더할 증	활용한자 : 增加(증가) 增額(증액) 增强(증강) 增幅(증폭)

4급 19획	`丶亠亠言言言訂訂訂訂訟訟訟證證證證證
證	
증거 증	활용한자 : 證據(증거) 證書(증서) 證憑(증빙) 證言(증언)

준4급 4획	`一十ヶ支
支	
지탱할 지	활용한자 : 支店(지점) 支給(지급) 支拂(지불) 支配人(지배인)

180

止~紙 획순 따라 덧쓰기 연습

※ 아래 한자의 획순을 따라 연필로 바르게 써 보세요.

5급 4획	ㅣ ㅏ ㅖ 止						
止	止	止	止	止	止	止	止
그칠 지	활용한자 : 停止(정지) 禁止(금지) 沮止(저지) 止血(지혈)						

5급 8획	ㅣ ㅏ ㅗ 矢 矢 知 知 知						
知	知	知	知	知	知	知	知
알 지	활용한자 : 知識(지식) 知能(지능) 知覺(지각) 知行合一(지행합일)						

7급 6획	一 十 土 圵 地 地						
地	地	地	地	地	地	地	地
땅 지	활용한자 : 地球(지구) 地圖(지도) 地盤(지반) 地域社會(지역사회)						

준4급 9획	一 十 扌 扌 扴 护 拃 指 指						
指	指	指	指	指	指	指	指
가리킬 지	활용한자 : 指定(지정) 指向(지향) 指針(지침) 指名打者(지명타자)						

준4급 7획	一 十 士 志 志 志 志						
志	志	志	志	志	志	志	志
뜻 지	활용한자 : 志望(지망) 志願(지원) 志操(지조) 意志(의지)						

준4급 6획	一 亠 亽 互 至 至						
至	至	至	至	至	至	至	至
이를 지	활용한자 : 至極(지극) 至尊(지존) 至當(지당) 至誠感天(지성감천)						

7급 10획	ㅣ ㄴ ㄆ 幺 糸 糸 糸 糺 紙 紙						
紙	紙	紙	紙	紙	紙	紙	紙
종이 지	활용한자 : 紙面(지면) 紙幣(지폐) 壁紙(벽지) 便紙(편지)						

持~眞 획순 따라 덧쓰기 연습

＊ 아래 한자의 획순을 따라 연필로 바르게 써 보세요.

4급 9획	一 十 扌 扩 扩 拃 拃 持 持						
持	持	持	持	持	持	持	持
가질 지	활용한자 : 維持(유지) 持續(지속) 持病(지병) 持久力(지구력)						

4급 14획	` 亠 亠 言 言 言 言 計 計 訁 誌 誌 誌						
誌	誌	誌	誌	誌	誌	誌	誌
기록할 지	활용한자 : 校誌(교지) 本誌(본지) 雜誌(잡지) 會誌(회지)						

4급 12획	′ 一 二 乍 矢 知 知 知 智 智 智						
智	智	智	智	智	智	智	智
지혜 지	활용한자 : 智慧(지혜) 智略(지략) 奇智(기지) 智仁勇(지인용)						

7급 8획	一 十 十 亡 古 古 直 直						
直	直	直	直	直	直	直	直
곧을 직	활용한자 : 直線(직선) 直結(직결) 直接(직접) 直行(직행)						

준4급 18획	一 「 「 「 耳 耳 耵 耵 耵 耶 聆 聍 聍 職 職 職						
職	職	職	職	職	職	職	職
벼슬/직분 직	활용한자 : 職分(직분) 職位(직위) 職責(직책) 職級(직급)						

4급 18획	′ 纟 纟 纟 纟 纟 糸 糸 糸 紆 紆 紵 絲 織 織 織						
織	織	織	織	織	織	織	織
짤 직	활용한자 : 紡織(방직) 織物(직물) 絹織(견직) 牽牛織女(견우직녀)						

준4급 10획	′ 匕 厂 卢 肖 肖 盲 直 眞 眞						
眞	眞	眞	眞	眞	眞	眞	眞
참 진	활용한자 : 眞實(진실) 眞僞(진위) 眞假(진가) 眞善美(진선미)						

＊ 아래 한자의 획순을 따라 연필로 바르게 써 보세요.

준4급 12획	ノ イ イ イ イ 作 作 隹 隹 准 准 進 進
進	進 進 進 進 進 進 進
나아갈 진	활용한자 : 進度(진도) 進路(진로) 進取的(진취적) 進退兩難(진퇴양난)

4급 14획	ㄱ ㄱ ㅋ ㅋ 聿 聿 聿 恚 恚 盡 盡 盡 盡 盡
盡	盡 盡 盡 盡 盡 盡 盡
다할 진	활용한자 : 極盡(극진) 盡心(진심) 蕩盡(탕진) 盡力(진력)

4급 10획	' ㅣ ㅓ ㅓ ㅓ 阡 阡 阵 陣 陣
陣	陣 陣 陣 陣 陣 陣 陣
진칠 진	활용한자 : 陣營(진영) 陣地(진지) 退陣(퇴진) 背水陣(배수진)

4급 9획	ー ニ 丁 王 王 玗 珍 珍 珍
珍	珍 珍 珍 珍 珍 珍 珍
보배 진	활용한자 : 珍貴(진귀) 珍珠(진주) 珍寶(진보) 珍羞盛饌(진수성찬)

5급 15획	´ ´ ㄧ ㄏ 斤 斤 斦 斦 斦 斦 斦 質 質 質 質
質	質 質 質 質 質 質 質
바탕 질	활용한자 : 質量(질량) 性質(성질) 質問(질문) 品質(품질)

6급 12획	ノ イ イ イ イ 佳 佳 佳 隹 集 集 集
集	集 集 集 集 集 集 集
모을 집	활용한자 : 集結(집결) 集合(집합) 集會(집회) 集團(집단)

준4급 6획	` ` ; ; 冫 次 次 次
次	次 次 次 次 次 次 次
버금 차	활용한자 : 次男(차남) 次官(차관) 次席(차석) 次善(차선)

✱ 아래 한자의 획순을 따라 연필로 바르게 써 보세요.

4급 10획	`丶丷丷兰羊差差差差`
差	
어긋날/다를 차	활용한자: 差異(차이) 差別(차별) 差等(차등) 差額(차액)

5급 12획	`丶丷丷兰羊羊差着着着`
着	
닿을/붙을 착	활용한자: 着陸(착륙) 着地(착지) 着用(착용) 着想(착상)

4급 26획	`丶亠言言言言言許許許許許許許許譜譜譜讚讚`
讚	
기릴 찬	활용한자: 讚歌(찬가) 讚揚(찬양) 過讚(과찬) 稱讚(칭찬)

준4급 14획	`丶宀宀宀宛宛宛宛寮察察`
察	
살필 찰	활용한자: 監察(감찰) 巡察(순찰) 診察(진찰) 觀察(관찰)

5급 11획	`丶厶厶厽厽叅參參`
參	
참여할 참/석 삼	활용한자: 參加(참가) 參與(참여) 參政權(참정권) 參百萬(삼백만)

5급 11획	`丨口口口叩叩唱唱唱唱`
唱	
부를 창	활용한자: 唱歌(창가) 唱劇(창극) 唱曲(창곡) 合唱團(합창단)

6급 11획	`丶宀宀宀灾灾窓窓窓窓`
窓	
창 창	활용한자: 窓門(창문) 船窓(선창) 車窓(차창) 換氣窓(환기창)

創~天 획순 따라 덧쓰기 연습

＊아래 한자의 획순을 따라 연필로 바르게 써 보세요.

준4급 12획	ノ ケ ケ 今 今 今 多 多 食 食 倉 倉 創 創						
創	創	創	創	創	創	創	創
비롯할 창	활용한자 : 創立(창립) 創始(창시) 創作(창작) 創業者(창업자)						

4급 11획	一 † 扌 扩 扩 扩 押 押 押 採 採						
採	採	採	採	採	採	採	採
캘 채	활용한자 : 採取(채취) 採石(채석) 採掘(채굴) 特採(특채)						

5급 11획	一 二 十 丰 丰 青 青 青 責 責 責						
責	責	責	責	責	責	責	責
꾸짖을 책	활용한자 : 問責(문책) 罪責(죄책) 責務(책무) 責任(책임)						

4급 5획	丿 冂 冂 冊 冊						
冊	冊	冊	冊	冊	冊	冊	冊
책 책	활용한자 : 冊房(책방) 冊床(책상) 空冊(공책) 童話冊(동화책)						

준4급 11획	丿 ⺊ ⺊ 广 广 卢 卢 庐 虚 虚 處						
處	處	處	處	處	處	處	處
곳 처	활용한자 : 處所(처소) 處斷(처단) 處罰(처벌) 處刑(처형)						

7급 3획	一 二 千						
千	千	千	千	千	千	千	千
일천 천	활용한자 : 千年(천년) 千萬(천만) 千字文(천자문) 千態萬象(천태만상)						

7급 4획	一 二 于 天						
天	天	天	天	天	天	天	天
하늘 천	활용한자 : 天堂(천당) 天命(천명) 天地(천지) 天高馬肥(천고마비)						

川~聽 획순 따라 덧쓰기 연습

＊아래 한자의 획순을 따라 연필로 바르게 써 보세요.

7급 3획	丿 刂 川						
川	川	川	川	川	川	川	川
내 천	활용한자 : 河川(하천) 開川(개천) 覆蓋川(복개천) 山川草木(산천초목)						

4급 9획	丶 冂 冖 白 白 皀 泉 泉 泉						
泉	泉	泉	泉	泉	泉	泉	泉
샘 천	활용한자 : 溫泉(온천) 源泉(원천) 鑛泉(광천) 硫黃泉(유황천)						

5급 21획	丿 亻 钅 钅 乒 乒 숤 숤 숤 숲 숋 숋 숋 鉒 鉗 鉗 쏋 鐵 鐵 鐵						
鐵	鐵	鐵	鐵	鐵	鐵	鐵	鐵
쇠 철	활용한자 : 鐵鋼(철강) 鐵骨(철골) 鐵筋(철근) 鐵絲(철사)						

8급 8획	一 二 三 キ 主 丰 青 青 青						
青	青	青	青	青	青	青	青
푸를 청	활용한자 : 青色(청색) 青果(청과) 青軍(청군) 青春(청춘)						

6급 11획	丶 丶 氵 氵 浐 浐 浐 清 清 清 清						
清	清	清	清	清	清	清	清
맑을 청	활용한자 : 清純(청순) 清潔(청결) 清廉(청렴) 清風明月(청풍명월)						

준4급 15획	丶 宀 亠 亖 言 言 言 訁 訁 訃 請 請 請 請 請						
請	請	請	請	請	請	請	請
청할 청	활용한자 : 請負(청부) 請託(청탁) 請婚(청혼) 請牒狀(청첩장)						

4급 22획	一 丆 丆 丆 耵 耵 耵 耵 耵 耵 耵 聏 聏 聏 聏 聽 聽 聽 聽						
聽	聽	聽	聽	聽	聽	聽	聽
들을 청	활용한자 : 聽覺(청각) 聽力(청력) 聽取(청취) 聽診器(청진기)						

＊아래 한자의 획순을 따라 연필로 바르게 써 보세요.

4급 25획	`丶亠广广广庐庐庐庐庐庐庐庐庐庐庐庐庐廳廳廳廳廳廳`
廳	廳 廳 廳 廳 廳 廳 廳
관청 청	활용한자：官廳(관청) 廳舍(청사) 區廳(구청) 教育廳(교육청)

6급 23획	`丨冂冖吅咼咼咼骨 骨丨骨冂骨雨骨雨體體體體體體體體`
體	體 體 體 體 體 體 體
몸 체	활용한자：體育(체육) 體格(체격) 體操(체조) 體級(체급)

5급 7획	`丶ラ ネ ネ ネ 初初`
初	初 初 初 初 初 初 初
처음 초	활용한자：初級(초급) 初步(초보) 初俸(초봉) 初志一貫(초지일관)

7급 10획	`一 十 十 艹 艹 艹 节 节 草 草`
草	草 草 草 草 草 草 草
풀 초	활용한자：草原(초원) 草地(초지) 草木(초목) 草創期(초창기)

4급 8획	`一 十 扌 扩 扫 招 招 招`
招	招 招 招 招 招 招 招
부를 초	활용한자：招待(초대) 招聘(초빙) 招徠(초래) 招請狀(초청장)

8급 3획	`一 十 寸`
寸	寸 寸 寸 寸 寸 寸 寸
마디 촌	활용한자：寸數(촌수) 寸志(촌지) 三寸(삼촌) 寸刻(촌각)

7급 7획	`一 十 才 木 村 村 村`
村	村 村 村 村 村 村 村
마을 촌	활용한자：村長(촌장) 農村(농촌) 貧民村(빈민촌) 地球村(지구촌)

銃~蓄 획순 따라 덧쓰기 연습

＊ 아래 한자의 획순을 따라 연필로 바르게 써 보세요.

준4급 14획	ノ ノ ト ケ 乍 牟 牟 金 金 釒 釘 釷 銃 銃
銃	銃 銃 銃 銃 銃 銃 銃
총 총	활용한자: 銃器(총기) 銃彈(총탄) 銃擊(총격) 拳銃(권총)

준4급 17획	' ' ' ' ' ' ' ' ' 絲 紗 紗 絢 絢 絢 緫 緫 緫
總	總 總 總 總 總 總 總
다 총	활용한자: 總理(총리) 總長(총장) 總務(총무) 總額(총액)

5급 12획	丶 冂 冂 日 旦 旱 旱 旱 昷 暠 最 最
最	最 最 最 最 最 最 最
가장 최	활용한자: 最高(최고) 最惡(최악) 最多(최다) 最善(최선)

7급 9획	' ' 千 千 千 禾 禾 利 秒 秋
秋	秋 秋 秋 秋 秋 秋 秋
가을 추	활용한자: 秋季(추계) 秋夕(추석) 秋收(추수) 秋穀(추곡)

4급 11획	一 十 扌 扌 扩 护 扩 抄 捗 推 推
推	推 推 推 推 推 推 推
밀 추	활용한자: 推進(추진) 推究(추구) 推薦(추천) 推戴(추대)

5급 10획	一 亍 亍 干 禾 示 和 和 祀 祝
祝	祝 祝 祝 祝 祝 祝 祝
빌 축	활용한자: 祝賀(축하) 祝杯(축배) 祝願(축원) 慶祝(경축)

준4급 14획	一 十 十 艹 艹 节 苙 苔 荅 荅 菁 蓄 蓄 蓄
蓄	蓄 蓄 蓄 蓄 蓄 蓄 蓄
모을 축	활용한자: 貯蓄(저축) 備蓄(비축) 蓄積(축적) 含蓄性(함축성)

＊ 아래 한자의 획순을 따라 연필로 바르게 써 보세요.

준4급 16획	ノ ト ゲ 竹 ゲ 竹 竹 竺 笣 笴 笍 筑 筝 筝 筑 築 築
築	築 築 築 築 築 築 築
쌓을 축	활용한자 : 築臺(축대) 建築(건축) 增築(증축) 新築工事(신축공사)

4급 17획	ㄴ ㄴ ㄴ ㅓ ㅓ ㅓ 糸 糸 紵 紵 紵 紵 紵 紵 縮 縮 縮
縮	縮 縮 縮 縮 縮 縮 縮
줄일 축	활용한자 : 縮小(축소) 減縮(감축) 濃縮(농축) 凝縮(응축)

7급 9획	一 二 三 声 夫 夫 未 春 春
春	春 春 春 春 春 春 春
봄 춘	활용한자 : 春季(춘계) 春困(춘곤) 春夢(춘몽) 回春(회춘)

7급 5획	｜ 屮 屮 出 出
出	出 出 出 出 出 出 出
날 출	활용한자 : 出納(출납) 出勤(출근) 出席(출석) 出動(출동)

5급 6획	ﾉ 亠 去 云 产 充
充	充 充 充 充 充 充 充
채울 충	활용한자 : 充足(충족) 充滿(충만) 充實(충실) 充電器(충전기)

준4급 8획	ﾉ 口 口 中 中 忠 忠 忠
忠	忠 忠 忠 忠 忠 忠 忠
충성 충	활용한자 : 忠誠(충성) 忠臣(충신) 忠實(충실) 顯忠日(현충일)

준4급 18획	ﾉ 口 口 中 虫 虫 虫 蚩 蚩 蚩 蚩 蚩 蟲 蟲 蟲 蟲 蟲 蟲
蟲	蟲 蟲 蟲 蟲 蟲 蟲 蟲
벌레 충	활용한자 : 蟲齒(충치) 害蟲(해충) 幼蟲(유충) 寄生蟲(기생충)

取~致 획순 따라 덧쓰기 연습

＊ 아래 한자의 획순을 따라 연필로 바르게 써 보세요.

준4급 8획	一 T T F F 耳 取 取
取	取 取 取 取 取 取 取
가질 취	활용한자 : 取扱(취급) 取得(취득) 喝取(갈취) 無錢取食(무전취식)

4급 12획	` 二 十 亡 古 声 京 京 京 就 就 就
就	就 就 就 就 就 就 就
나아갈 취	활용한자 : 就職(취직) 就學(취학) 就業(취업) 所願成就(소원성취)

4급 15획	一 + + 土 耂 耂 走 走 走 赳 赳 赳 趣 趣 趣
趣	趣 趣 趣 趣 趣 趣 趣
뜻 취	활용한자 : 趣味(취미) 趣向(취향) 趣旨(취지) 興趣(흥취)

준4급 12획	` ` 氵 氵 汀 洉 洉 洉 測 測 測 測
測	測 測 測 測 測 測 測
헤아릴 측	활용한자 : 測量(측량) 測定(측정) 計測(계측) 測雨器(측우기)

4급 15획	` ` 尸 尸 尸 屈 局 局 局 局 層 層 層 層
層	層 層 層 層 層 層 層
층 층	활용한자 : 層階(층계) 層數(층수) 堆積層(퇴적층) 高層建物(고층건물)

준4급 8획	` ` 氵 氵 汄 治 治 治 治
治	治 治 治 治 治 治 治
다스릴 치	활용한자 : 治安(치안) 治國(치국) 治療(치료) 治癒(치유)

5급 10획	一 エ 至 至 至 至 到 致 致 致
致	致 致 致 致 致 致 致
이룰/이를 치	활용한자 : 致富(치부) 致命(치명) 致誠(치성) 致賀(치하)

齒~侵 획순 따라 덧쓰기 연습

＊ 아래 한자의 획순을 따라 연필로 바르게 써 보세요.

준4급 15획	ㅣ ㅏ ㅑ 止 止 牛 步 步 步 齿 齿 齿 齿 齒 齒						
齒	齒	齒	齒	齒	齒	齒	齒
이 치	활용한자 : 齒牙(치아) 齒科(치과) 齒藥(치약) 齒痛(치통)						

준4급 13획	ㅣ ㄇ ㅁ ㅁ 罒 罒 罒 罗 罟 罟 罟 置 置						
置	置	置	置	置	置	置	置
둘 치	활용한자 : 位置(위치) 設置(설치) 配置(배치) 放置(방치)						

5급 9획	ㅣ ㄇ ㅂ ㅁ 目 目 貝 貝 則 則						
則	則	則	則	則	則	則	則
법칙 칙/곧 즉	활용한자 : 法則(법칙) 規則(규칙) 校則(교칙) 言則是也(언즉시야)						

6급 16획	ㆍ ㅗ ㅗ 立 立 立 辛 亲 亲 亲 亲 亲 親 親 親						
親	親	親	親	親	親	親	親
친할 친	활용한자 : 親舊(친구) 親睦(친목) 親善(친선) 親切(친절)						

8급 2획	一 七						
七	七	七	七	七	七	七	七
일곱 칠	활용한자 : 七月(칠월) 七寶(칠보) 七面鳥(칠면조) 七顚八起(칠전팔기)						

4급 10획	ㅣ ㅅ ㅅ ㅅ 牟 余 余 金 金 針						
針	針	針	針	針	針	針	針
바늘 침	활용한자 : 檢針(검침) 時針(시침) 避雷針(피뢰침) 針葉樹(침엽수)						

준4급 9획	ㅣ ㅅ ㅏ 仔 伊 伊 侵 侵 侵						
侵	侵	侵	侵	侵	侵	侵	侵
침노할/잠길 침	활용한자 : 侵攻(침공) 侵掠(침략) 侵犯(침범) 不可侵(불가침)						

寢~炭 획순 따라 덧쓰기 연습

* 아래 한자의 획순을 따라 연필로 바르게 써 보세요.

4급 14획	`丶丶宀宀宀疒疒宀宀宀宀宀寢寢寢`
寢	寢 寢 寢 寢 寢 寢 寢
잘 침	활용한자 : 寢具(침구) 寢臺(침대) 寢囊(침낭) 寢室(침실)

4급 14획	`丶二千千千千千千千千稱稱稱稱`
稱	稱 稱 稱 稱 稱 稱 稱
일컬을 칭	활용한자 : 稱讚(칭찬) 稱頌(칭송) 俗稱(속칭) 略稱(약칭)

준4급 7획	`丶丶忄忄忄快快`
快	快 快 快 快 快 快 快
쾌할 쾌	활용한자 : 痛快(통쾌) 爽快(상쾌) 快活(쾌활) 快晴(쾌청)

5급 5획	`丿亻亻仲他`
他	他 他 他 他 他 他 他
다를 타	활용한자 : 他人(타인) 他意(타의) 他國(타국) 他界(타계)

5급 5획	`一十才扌打`
打	打 打 打 打 打 打 打
칠 타	활용한자 : 打擊(타격) 打席(타석) 打率(타율) 打樂器(타악기)

5급 8획	`丶卜卜占占占卓卓`
卓	卓 卓 卓 卓 卓 卓 卓
높을/뛰어날 탁	활용한자 : 卓越(탁월) 卓見(탁견) 卓球(탁구) 卓上空論(탁상공론)

5급 9획	`丶屮屮屮屵岸岸炭炭`
炭	炭 炭 炭 炭 炭 炭 炭
숯 탄	활용한자 : 石炭(석탄) 炭鑛(탄광) 煉炭(연탄) 炭水化物(탄수화물)

＊아래 한자의 획순을 따라 연필로 바르게 써 보세요.

4급 15획	一 十 卄 艹 莽 莽 莒 莒 莖 菓 萤 薁 蓽 歎 歎

歎

탄식할 탄　활용한자: 歎息(탄식)　歎服(탄복)　感歎(감탄)　恨歎(한탄)

4급 15획	丨 弓 弓 弓' 弓'' 弓'' 弓'' 弓'' 弓'' 彈 彈 彈 彈

彈

탄알 탄　활용한자: 銃彈(총탄)　彈藥(탄약)　彈壓(탄압)　彈劾(탄핵)

4급 11획	丿 刀 月 月 月 肝 肝 朋 胪 胪 脫

脫

벗을 탈　활용한자: 脫稿(탈고)　脫穀(탈곡)　脫出(탈출)　脫衣室(탈의실)

4급 11획	一 十 扌 扌 扩 扩 押 押 押 探 探

探

찾을 탐　활용한자: 探究(탐구)　探訪(탐방)　探索(탐색)　探險隊(탐험대)

6급 4획	一 ナ 大 太

太

클 태　활용한자: 太古(태고)　太陽(태양)　太初(태초)　太極旗(태극기)

준4급 14획	' '' '' 介 育 育 育 能 能 能 能 態 態 態

態

태도/모습 태　활용한자: 態度(태도)　態勢(태세)　生態(생태)　形態(형태)

5급 6획	' '' '' 宀 宅 宅 宅

宅

집 택/댁　활용한자: 自宅(자택)　家宅(가택)　住宅(주택)　宅內(댁내)

擇~退 획순 따라 덧쓰기 연습

* 아래 한자의 획순을 따라 연필로 바르게 써 보세요.

4급 16획	一 十 扌 扌 扩 护 押 押 押 揠 擇 擇 擇 擇 擇
擇	擇 擇 擇 擇 擇 擇 擇
가릴 택	활용한자 : 選擇(선택) 採擇(채택) 擇日(택일) 兩者擇一(양자택일)

8급 3획	一 十 土
土	土 土 土 土 土 土 土
흙 토	활용한자 : 土地(토지) 土壤(토양) 土窟(토굴) 土臺(토대)

4급 10획	` 一 二 亍 言 言 言 言 討 討
討	討 討 討 討 討 討 討
칠 토	활용한자 : 討伐(토벌) 檢討(검토) 討論(토론) 討議(토의)

6급 11획	` ? ? ? 甬 甬 甬 甬 甬 涌 涌 通
通	通 通 通 通 通 通 通
통할 통	활용한자 : 通路(통로) 通報(통보) 通學(통학) 通話(통화)

준4급 12획	` ? ? ? 糸 糸 糸 紅 紌 紌 紌 統
統	統 統 統 統 統 統 統
거느릴 통	활용한자 : 統率(통솔) 統治(통치) 統括(통괄) 統合(통합)

4급 12획	` 一 广 广 广 疒 疒 疒 病 病 病 痛
痛	痛 痛 痛 痛 痛 痛 痛
아플 통	활용한자 : 腹痛(복통) 痛症(통증) 痛哭(통곡) 憤痛(분통)

준4급 10획	? ? ? ? 艮 艮 艮 退 退 退 退
退	退 退 退 退 退 退 退
물러날 퇴	활용한자 : 退却(퇴각) 退任(퇴임) 退勤(퇴근) 退去(퇴거)

投~判 획순 따라 덧쓰기 연습

* 아래 한자의 획순을 따라 연필로 바르게 써 보세요.

4급 7획	一 十 扌 扩 投 投 投
投 던질 투	활용한자 : 投手(투수) 投擲(투척) 投棄(투기) 投資(투자)

4급 20획	丨 冂 冂 冂 門 門 門 門 鬥 鬥 鬥 鬥 鬥 鬥 鬥 鬥 鬪 鬪
鬪 싸움 투	활용한자 : 鬪爭(투쟁) 鬪技(투기) 鬪犬(투견) 戰鬪(전투)

6급 10획	丿 𠂉 牛 牛 牛 牜 牜 牡 特 特
特 특별할 특	활용한자 : 特別(특별) 特技(특기) 特殊(특수) 特級(특급)

준4급 10획	一 丆 厂 石 石 矴 矿 矿 破 破
破 깨뜨릴 파	활용한자 : 破壞(파괴) 破格(파격) 破産(파산) 破棄(파기)

준4급 8획	丶 丶 氵 氵 汜 汸 波 波
波 물결 파	활용한자 : 波濤(파도) 波紋(파문) 波長(파장) 波瀾萬丈(파란만장)

4급 9획	丶 丶 氵 氵 氵 沉 派 派 派
派 갈래 파	활용한자 : 派遣(파견) 派兵(파병) 派閥(파벌) 派出所(파출소)

4급 7획	丶 丷 丷 些 半 判 判
判 판단할 판	활용한자 : 判斷(판단) 判決(판결) 判事(판사) 判定勝(판정승)

板~評 획순 따라 덧쓰기 연습

＊아래 한자의 획순을 따라 연필로 바르게 써 보세요.

5급 8획	一 十 才 木 木 杧 板 板
板	板　板　板　板　板　板　板
널빤지 판	활용한자 : 板子(판자)　鐵板(철판)　板紙(판지)　看板(간판)

8급 2획	ノ 八
八	八　八　八　八　八　八　八
여덟 팔	활용한자 : 八月(팔월)　八角亭(팔각정)　八等身(팔등신)　八方美人(팔방미인)

5급 11획	丨 冂 冃 月 目 目 貝 貝 貯 敗 敗
敗	敗　敗　敗　敗　敗　敗　敗
패할 패	활용한자 : 敗北(패배)　敗訴(패소)　敗者(패자)　敗亡(패망)

7급 9획	ノ イ 仁 仁 仁 佰 佰 便 便
便	便　便　便　便　便　便　便
편할 편/변	활용한자 : 便利(편리)　便安(편안)　便器(변기)　便所(변소)　※便：똥오줌 변

4급 15획	ノ ㇒ ⺮ ⺮ ⺮ ⺮ ⺮ 管 笁 笁 笁 笁 篇 篇 篇
篇	篇　篇　篇　篇　篇　篇　篇
책 편	활용한자 : 玉篇(옥편)　詩篇(시편)　短篇(단편)　長篇小說(장편소설)

7급 5획	一 ㇒ 厂 乃 平
平	平　平　平　平　平　平　平
평평할 평	활용한자 : 平原(평원)　平野(평야)　平等(평등)　平準化(평준화)

4급 12획	丶 一 亠 言 言 言 言 訐 訐 評 評
評	評　評　評　評　評　評　評
평론할 평	활용한자 : 評論(평론)　評價(평가)　評判(평판)　批評(비평)

閉~爆 획순 따라 덧쓰기 연습

＊ 아래 한자의 획순을 따라 연필로 바르게 써 보세요.

4급 11획	丿 丨 丬 丬 丬ʼ 門 門 門 閉 閉						
閉	閉	閉	閉	閉	閉	閉	閉
닫을 폐	활용한자 : 閉幕(폐막) 閉校(폐교) 閉鎖(폐쇄) 閉會式(폐회식)						

준4급 5획	丿 ナ ナ 布 布 布						
布	布	布	布	布	布	布	布
베 포/보시 보	활용한자 : 布木(포목) 布帳(포장) 布敎(포교) 布施(보시)						

준4급 5획	丿 勹 勹 勺 包						
包	包	包	包	包	包	包	包
쌀 포	활용한자 : 包裝(포장) 包袋(포대) 包括(포괄) 包圍(포위)						

4급 9획	丿 刀 月 月 月 肑 肑 胊 胞						
胞	胞	胞	胞	胞	胞	胞	胞
태/세포 포	활용한자 : 胞子(포자) 細胞(세포) 僑胞(교포) 海外同胞(해외동포)						

준4급 10획	一 丿 石 石 石 石 矽 砲 砲 砲						
砲	砲	砲	砲	砲	砲	砲	砲
대포 포	활용한자 : 大砲(대포) 砲擊(포격) 砲隊(포대) 砲手(포수)						

준4급 15획	丨 丬 冂 曰 旦 旦 昱 昱 昦 昦 暴 暴 暴 暴 暴						
暴	暴	暴	暴	暴	暴	暴	暴
사나울 폭/포	활용한자 : 暴君(폭군) 暴風(폭풍) 暴惡(포악) 暴虐無道(포학무도)						

4급 19획	丶 丶 丬 丬 炉 炉 炉 炉 焊 焊 焊 煤 煤 爆 爆 爆 爆 爆						
爆	爆	爆	爆	爆	爆	爆	爆
불터질 폭	활용한자 : 爆發(폭발) 爆藥(폭약) 爆音(폭음) 爆彈(폭탄)						

表~疲 획순 따라 덧쓰기 연습

✽ 아래 한자의 획순을 따라 연필로 바르게 써 보세요.

6급 8획	一 二 十 主 キ 未 去 表 表
表 겉 표	활용한자 : 表紙(표지) 表出(표출) 表現(표현) 表裏不同(표리부동)

준4급 11획	一 一 一 一 一 西 西 西 覀 票 票 票
票 표 표	활용한자 : 投票(투표) 車票(차표) 郵票(우표) 賣票所(매표소)

4급 15획	一 十 才 木 杧 栌 栌 栌 栌 標 標 標 標 標 標
標 표할 표	활용한자 : 標示(표시) 標的(표적) 標本(표본) 標札(표찰)

5급 9획	丨 口 口 口 品 品 品 品 品
品 물건 품	활용한자 : 性品(성품) 品格(품격) 品種(품종) 品切(품절)

6급 9획	丿 几 几 凡 凤 凤 風 風 風
風 바람 풍	활용한자 : 風向(풍향) 風速(풍속) 風車(풍차) 風前燈火(풍전등화)

준4급 13획	丨 口 曰 由 曲 曲 曲 豐 豐 豐 豐 豐 豐
豐 풍년 풍	활용한자 : 豐年(풍년) 豐作(풍작) 豐盛(풍성) 豐饒(풍요)

4급 10획	丶 一 广 广 广 疒 疒 疒 疠 疲 疲
疲 피곤할 피	활용한자 : 疲困(피곤) 疲勞(피로) 疲弊(피폐) 疲勞回復(피로회복)

＊ 아래 한자의 획순을 따라 연필로 바르게 써 보세요.

4급 17획	` ` ⼶ ⼷ ⼸ ⼹ ⼺ ⼻ ⼼ ⼽ ⼾ 辟 辟 辟 辟 避 避
避	避 避 避 避 避 避 避
피할 피	활용한자 : 避身(피신) 避難(피난) 回避(회피) 避暑地(피서지)

5급 5획	` ⺈ 必 必 必
必	必 必 必 必 必 必 必
반드시 필	활용한자 : 必修(필수) 必勝(필승) 必然(필연) 事必歸正(사필귀정)

5급 12획	⼂ ⼃ ⼄ ⼅ ⼆ ⼇ 竺 笙 筆 筆 筆 筆
筆	筆 筆 筆 筆 筆 筆 筆
붓 필	활용한자 : 筆記(필기) 筆體(필체) 筆筒(필통) 紙筆墨(지필묵)

7급 3획	⼀ ⼁ 下
下	下 下 下 下 下 下 下
아래 하	활용한자 : 下級(하급) 下落(하락) 下旬(하순) 下等(하등)

7급 10획	⼀ ⼁ ⼂ ⼃ ⼄ ⼅ 百 頁 夏 夏
夏	夏 夏 夏 夏 夏 夏 夏
여름 하	활용한자 : 夏季(하계) 夏至(하지) 夏服(하복) 夏爐冬扇(하로동선)

5급 8획	` ` ⼆ ⼇ ⼐ ⼑ 河 河 河
河	河 河 河 河 河 河 河
물 하	활용한자 : 河口(하구) 河川(하천) 山河(산하) 河海(하해)

8급 16획	` ⼁ ⼂ ⼃ ⼄ ⼅ ⼆ ⼇ ⼈ ⼉ ⼊ 與 與 學 學 學
學	學 學 學 學 學 學 學
배울 학	활용한자 : 學校(학교) 學生(학생) 學院(학원) 學者(학자)

閑~合 획순 따라 덧쓰기 연습

✽ 아래 한자의 획순을 따라 연필로 바르게 써 보세요.

4급 12획	丨 丨 丬 丬 冎 門 門 門 門 閈 閑 閑
閑 한가할 한	閑 閑 閑 閑 閑 閑 閑
	활용한자: 閑暇(한가) 閑散(한산) 閑寂(한적) 閑良(한량)

5급 12획	丶 丶 宀 宀 宀 宀 宭 寒 寒 寒 寒 寒
寒 추울 한	寒 寒 寒 寒 寒 寒 寒
	활용한자: 寒氣(한기) 寒波(한파) 寒帶(한대) 寒流(한류)

4급 9획	丶 丶 忄 忄 忄 忄 恨 恨 恨
恨 한 한	恨 恨 恨 恨 恨 恨 恨
	활용한자: 恨歎(한탄) 怨恨(원한) 痛恨(통한) 徹天之恨(철천지한)

준4급 9획	丶 阝 阝 阝 阝 阝 阝 限 限
限 막을/한할 한	限 限 限 限 限 限 限
	활용한자: 制限(제한) 限定(한정) 限度(한도) 權限(권한)

8급 17획	一 十 土 吉 吉 吉 車 車 車 乾 乾 乾 乾 乾 韓 韓 韓
韓 한국 한	韓 韓 韓 韓 韓 韓 韓
	활용한자: 韓國(한국) 韓食(한식) 韓服(한복) 韓醫院(한의원)

7급 14획	丶 丶 氵 氵 汀 洴 洴 洴 澌 澌 漢 漢 漢 漢
漢 한수/한나라 한	漢 漢 漢 漢 漢 漢 漢
	활용한자: 漢江(한강) 漢陽(한양) 漢城(한성) 漢文(한문)

6급 6획	丿 人 人 人 合 合
合 합할 합	合 合 合 合 合 合 合
	활용한자: 合同(합동) 合流(합류) 合宿(합숙) 合衆國(합중국)

港~核 획순 따라 덧쓰기 연습

* 아래 한자의 획순을 따라 연필로 바르게 써 보세요.

준4급 12획	`` ` ` 氵 汒 浐 浐 洪 洪 洪 港 港						
港	港	港	港	港	港	港	港
항구 항	활용한자 : 港口(항구) 港灣(항만) 港都(항도) 國際空港(국제공항)						

4급 7획	一 十 扌 扌 扩 扩 抗						
抗	抗	抗	抗	抗	抗	抗	抗
겨룰 항	활용한자 : 抗拒(항거) 抗命(항명) 抗辯(항변) 抗戰(항전)						

준4급 10획	` 丿 月 月 月 舟 舟 舟 舯 航						
航	航	航	航	航	航	航	航
배 항	활용한자 : 航海(항해) 運航(운항) 航路(항로) 航海士(항해사)						

5급 10획	` ` 宀 宀 宀 宇 害 害 害 害						
害	害	害	害	害	害	害	害
해할 해	활용한자 : 妨害(방해) 公害(공해) 被害(피해) 害蟲(해충)						

7급 10획	` ` ` 氵 汁 汇 海 海 海 海						
海	海	海	海	海	海	海	海
바다 해	활용한자 : 海邊(해변) 海岸(해안) 海軍(해군) 海賊(해적)						

준4급 13획	` ` 广 角 角 角 角 舠 舶 解 解 解 解						
解	解	解	解	解	解	解	解
풀 해	활용한자 : 解決(해결) 解釋(해석) 解說(해설) 解答(해답)						

4급 10획	一 十 才 木 木 杧 杧 栌 核 核						
核	核	核	核	核	核	核	核
씨 핵	활용한자 : 核心(핵심) 核酸(핵산) 核武器(핵무기) 核實驗(핵실험)						

제135차 行~許 획순 따라 덧쓰기 연습

＊아래 한자의 획순을 따라 연필로 바르게 써 보세요.

6급 6획	ノ 彡 彳 彳 行 行
行	行 行 行 行 行 行 行
다닐 행/항렬 항	활용한자 : 步行(보행) 行動(행동) 行進(행진) 行列(항렬)

6급 8획	一 十 土 キ 去 坴 幸 幸
幸	幸 幸 幸 幸 幸 幸 幸
다행 행	활용한자 : 多幸(다행) 幸福(행복) 不幸(불행) 幸運兒(행운아)

6급 6획	ノ 亻 冂 内 向 向
向	向 向 向 向 向 向 向
향할 향	활용한자 : 方向(방향) 向方(향방) 動向(동향) 向後(향후)

준4급 9획	一 二 千 禾 禾 禾 香 香 香
香	香 香 香 香 香 香 香
향기 향	활용한자 : 香氣(향기) 香水(향수) 香料(향료) 芳香劑(방향제)

준4급 13획	乡 乡 乡 乡 乡 乡 乡 乡 乡 乡 乡 乡 鄉
鄕	鄕 鄕 鄕 鄕 鄕 鄕 鄕
시골 향	활용한자 : 故鄕(고향) 鄕里(향리) 鄕愁(향수) 鄕校(향교)

준4급 12획	丨 ト 卢 卢 卢 虍 虍 虐 虚 虚 虚 虛
虛	虛 虛 虛 虛 虛 虛 虛
빌 허	활용한자 : 虛空(허공) 虛妄(허망) 虛點(허점) 虛心坦懷(허심탄회)

5급 11획	丶 二 三 亖 言 言 言 訁 訐 許 許
許	許 許 許 許 許 許 許
허락 허	활용한자 : 許諾(허락) 許容(허용) 免許(면허) 特許廳(특허청)

＊아래 한자의 획순을 따라 연필로 바르게 써 보세요.

4급 16획	` ´ `宀`宀`宀`宀`宆`宆`宆`宇`宇`宇`憲`憲`憲						
憲	憲	憲	憲	憲	憲	憲	憲
법 헌	활용한자 : 憲法(헌법) 憲政(헌정) 憲章(헌장) 憲兵(헌병)						

4급 16획	` ´ `阝`阝`阶`险`险`险`险`险`险`险`險`險`險						
險	險	險	險	險	險	險	險
험할 험	활용한자 : 險難(험난) 險惡(험악) 險峻(험준) 冒險(모험)						

준4급 23획	`丨``冂``厂``厂``馬``馬``馬``馬``馬``馬``駅``駼``駼``駼``駼``駼``駼``駼``駼``驗``驗``驗``驗`						
驗	驗	驗	驗	驗	驗	驗	驗
시험 험	활용한자 : 試驗(시험) 經驗(경험) 體驗(체험) 受驗生(수험생)						

4급 9획	`一``十``廾``廾``廾``苦``苔``草``革`						
革	革	革	革	革	革	革	革
가죽 혁	활용한자 : 革帶(혁대) 皮革(피혁) 改革(개혁) 東學革命(동학혁명)						

6급 11획	`一``二``丯``王``王``玑``玌``玥``玥``珇``現``現`						
現	現	現	現	現	現	現	現
나타날 현	활용한자 : 現代(현대) 現在(현재) 現實(현실) 現金(현금)						

준4급 15획	`一``丆``臣``𦥯``𦥯``𦥯``臤``臤``臤``臤``腎``腎``賢``賢``賢`						
賢	賢	賢	賢	賢	賢	賢	賢
어질 현	활용한자 : 賢人(현인) 賢明(현명) 賢者(현자) 賢母良妻(현모양처)						

4급 23획	`丶``冂``冂``曰``日``曰``曱``昷``昷``昷``暴``暴``暴``㬎``㬎``㬎``顯``顯``顯``顯``顯``顯``顯`						
顯	顯	顯	顯	顯	顯	顯	顯
나타날 현	활용한자 : 顯考(현고) 顯示(현시) 顯微鏡(현미경) 顯忠日(현충일)						

血~戶 획순 따라 덧쓰기 연습

✻ 아래 한자의 획순을 따라 연필로 바르게 써 보세요.

준4급 6획	ノ ノ 白 白 血 血
血	血　血　血　血　血　血　血
피 혈	활용한자: 血管(혈관)　血氣(혈기)　血壓(혈압)　血統(혈통)

준4급 8획	一 十 十 扚 扐 協 協 協
協	協　協　協　協　協　協　協
화할 협	활용한자: 協力(협력)　協同(협동)　協助(협조)　協贊(협찬)

8급 5획	ノ 冂 口 尸 兄
兄	兄　兄　兄　兄　兄　兄　兄
맏/형 형	활용한자: 兄弟(형제)　兄夫(형부)　兄嫂(형수)　難兄難弟(난형난제)

4급 6획	一 二 干 开 刑 刑
刑	刑　刑　刑　刑　刑　刑　刑
형벌 형	활용한자: 刑罰(형벌)　刑期(형기)　刑法(형법)　刑事責任(형사책임)

6급 7획	一 二 干 开 形 形 形
形	形　形　形　形　形　形　形
모양 형	활용한자: 形態(형태)　形式(형식)　形象化(형상화)　形容詞(형용사)

준4급 12획	一 ノ 亍 亓 百 車 車 重 惠 惠 惠 惠
惠	惠　惠　惠　惠　惠　惠　惠
은혜 혜	활용한자: 恩惠(은혜)　惠澤(혜택)　特惠(특혜)　互惠貿易(호혜무역)

준4급 4획	一 彐 彐 戶
戶	戶　戶　戶　戶　戶　戶　戶
지게문/집 호	활용한자: 戶主(호주)　戶籍(호적)　戶口(호구)　戶籍謄本(호적등본)

✽ 아래 한자의 획순을 따라 연필로 바르게 써 보세요.

준4급 8획	丶 口 口 口 口 口 吁 吁 呼 呼
呼 부를 호	활용한자 : 呼名(호명) 呼出(호출) 呼稱(호칭) 呼兄呼弟(호형호제)

준4급 6획	乚 ㄑ 女 女 妤 好
好 좋을 호	활용한자 : 好感(호감) 選好(선호) 好況(호황) 好奇心(호기심)

6급 13획	丶 口 口 呂 号 号 号 号 號 號 號 號 號
號 이름 호	활용한자 : 商號(상호) 號令(호령) 創刊號(창간호) 郵便番號(우편번호)

5급 12획	丶 丶 氵 氵 汁 汁 沽 泔 湖 湖 湖 湖
湖 호수 호	활용한자 : 湖水(호수) 湖畔(호반) 江湖(강호) 湖南平野(호남평야)

준4급 21획	丶 一 亠 言 言 言 言 訁 訁 謹 謹 謹 護 護
護 지킬/도울 호	활용한자 : 警護(경호) 護衛(호위) 護送(호송) 護身術(호신술)

4급 8획	一 一 一 口 亘 式 或 或
或 혹시 혹	활용한자 : 或是(혹시) 間或(간혹) 設或(설혹) 或者(혹자)

4급 11획	乚 ㄑ 女 女 妡 妡 娇 娇 婚 婚 婚
婚 혼인할 혼	활용한자 : 婚姻(혼인) 結婚(결혼) 婚禮(혼례) 婚需(혼수)

※ 아래 한자의 획순을 따라 연필로 바르게 써 보세요.

4급 11획	` ` ` ; ; 氵 沪 沪 沪 混 混 混
混	混 混 混 混 混 混 混
섞을 혼	활용한자 : 混合(혼합) 混沌(혼돈) 混雜(혼잡) 混濁(혼탁)

4급 9획	` ` ` ` ` 幺 幺 糸 糸 糸-紅 紅
紅	紅 紅 紅 紅 紅 紅 紅
붉을 홍	활용한자 : 紅柿(홍시) 紅茶(홍차) 紅蔘(홍삼) 紅一點(홍일점)

8급 4획	` ` ` ` 少 火
火	火 火 火 火 火 火 火
불 화	활용한자 : 火災(화재) 火藥(화약) 火焰(화염) 火曜日(화요일)

5급 4획	ノ 亻 亻 化
化	化 化 化 化 化 化 化
될 화	활용한자 : 酸化(산화) 化工(화공) 化學(화학) 化粧室(화장실)

7급 8획	一 十 卄 卄 艹 芢 花 花
花	花 花 花 花 花 花 花
꽃 화	활용한자 : 花園(화원) 花草(화초) 菜松花(채송화) 錦上添花(금상첨화)

준4급 11획	ノ 亻 亻 化 化 伫 货 货 眚 貨 貨
貨	貨 貨 貨 貨 貨 貨 貨
재물 화	활용한자 : 貨幣(화폐) 金貨(금화) 鑄貨(주화) 貨物船(화물선)

6급 8획	一 二 千 禾 禾 和 和 和
和	和 和 和 和 和 和 和
화할 화	활용한자 : 和合(화합) 和睦(화목) 平和(평화) 和答(화답)

話~環 획순 따라 덧쓰기 연습

＊ 아래 한자의 획순을 따라 연필로 바르게 써 보세요.

7급 13획	` 亠 亠 言 言 言 言 訐 訐 訐 話 話						
話 말씀 화	話	話	話	話	話	話	話
	활용한자 : 對話(대화) 通話(통화) 話術(화술) 口演童話(구연동화)						

6급 12획	ㄱ 쿡 쿡 클 串 聿 書 書 書 書 畫 畵						
畵 그림 화/그을 획	畵	畵	畵	畵	畵	畵	畵
	활용한자 : 壁畵(벽화) 畵家(화가) 漫畵(만화) 畵順(획순)						

4급 11획	一 十 卄 艹 艹 芏 茊 茊 莗 莗 華						
華 빛날 화	華	華	華	華	華	華	華
	활용한자 : 華燭(화촉) 華麗(화려) 繁華街(번화가) 富貴榮華(부귀영화)						

준4급 15획	一 厂 石 石 石 矿 矿 矿 矿 矿 碓 碓 確 確						
確 굳을 확	確	確	確	確	確	確	確
	활용한자 : 確固(확고) 確實(확실) 確信(확신) 確認(확인)						

4급 22획	一 十 廾 艹 艹 芇 苩 苩 苩 苩 莇 莇 莍 萑 萑 蘿 蘿 歡 歡						
歡 기쁠 환	歡	歡	歡	歡	歡	歡	歡
	활용한자 : 歡喜(환희) 歡迎(환영) 歡送(환송) 歡呼聲(환호성)						

5급 11획	` 口 口 吕 吕 吕 串 串 患 患 患						
患 근심 환	患	患	患	患	患	患	患
	활용한자 : 憂患(우환) 患者(환자) 老患(노환) 有備無患(유비무환)						

4급 17획	一 丅 王 王 王 玗 玝 玝 玝 珃 環 珚 琧 瑨 環 環 環						
環 고리 환	環	環	環	環	環	環	環
	활용한자 : 環境(환경) 環狀(환상) 循環(순환) 周圍環境(주위환경)						

＊ 아래 한자의 획순을 따라 연필로 바르게 써 보세요.

7급 9획	` ` 氵 氵 汙 汗 汗 活 活
活	活 活 活 活 活 活 活
살 활	활용한자 : 活氣(활기) 活動(활동) 活躍(활약) 活潑(활발)

6급 12획	一 十 卄 丗 艹 丗 苎 苩 苗 苗 黃 黃
黃	黃 黃 黃 黃 黃 黃 黃
누를 황	활용한자 : 黃色(황색) 黃金(황금) 黃砂(황사) 黃牛(황우)

4급 8획	` ` 氵 氵 沪 沪 沪 況
況	況 況 況 況 況 況 況
상황/하물며 황	활용한자 : 狀況(상황) 現況(현황) 近況(근황) 好況(호황)

준4급 6획	丨 冂 冋 回 回 回
回	回 回 回 回 回 回 回
돌 회	활용한자 : 回轉(회전) 旋回(선회) 回復(회복) 回診(회진)

6급 13획	丿 人 人 亼 亼 今 命 侖 侖 侖 會 會 會
會	會 會 會 會 會 會 會
모일 회	활용한자 : 會談(회담) 會員(회원) 會社(회사) 會見(회견)

4급 6획	一 ナ 大 大 步 灰
灰	灰 灰 灰 灰 灰 灰 灰
재 회	활용한자 : 灰色(회색) 石灰(석회) 洋灰(양회) 灰色分子(회색분자)

7급 7획	一 十 土 耂 耂 孝 孝
孝	孝 孝 孝 孝 孝 孝 孝
효도 효	활용한자 : 孝道(효도) 孝子(효자) 孝心(효심) 忠孝思想(충효사상)

＊아래 한자의 획순을 따라 연필로 바르게 써 보세요.

5급 10획	` ＾ ᅩ ᅔ ᅔ 亥 亥 亥 効 效
效	
본받을 효	활용한자 : 效果(효과) 效率(효율) 效能(효능) 效驗(효험)

7급 9획	′ ᅥ ᅥ ᅥ 伃 伃 俆 後 後
後	
뒤 후	활용한자 : 後進(후진) 後尾(후미) 後食(후식) 後拂(후불)

4급 9획	ᅳ 厂 厂 厂 戶 戶 厚 厚 厚
厚	
두터울 후	활용한자 : 厚德(후덕) 厚待(후대) 厚生(후생) 上厚下薄(상후하박)

4급 10획	′ ᅥ 亻 亻 亻 伊 伊 候 候 候
候	
기다릴/기후 후	활용한자 : 氣候(기후) 徵候(징후) 候補(후보) 惡天候(악천후)

6급 10획	` ᅩ ᅩ ᅴ ᆯ 言 言 訇 訓 訓
訓	
가르칠 훈	활용한자 : 敎訓(교훈) 訓戒(훈계) 訓示(훈시) 訓育(훈육)

4급 12획	ᅳ ᅥ ᅦ ᅦ 扌 扩 护 捐 捐 捐 揎 揮
揮	
휘두를 휘	활용한자 : 揮筆(휘필) 揮毫(휘호) 指揮者(지휘자) 揮發油(휘발유)

7급 6획	′ ᅥ 亻 什 休 休
休	
쉴 휴	활용한자 : 休息(휴식) 休暇(휴가) 休眠(휴면) 休憩室(휴게실)

凶~了 획순 따라 덧쓰기 연습

✽ 아래 한자의 획순을 따라 연필로 바르게 써 보세요.

5급 4획	ノ メ 凶 凶						
凶	凶	凶	凶	凶	凶	凶	凶
흉할 흉	활용한자: 凶家(흉가) 凶器(흉기) 凶年(흉년) 吉凶禍福(길흉화복)						

5급 12획	ヽ 丶 ㄇ ㄇ 四 四 甲 里 里 黑 黑 黑						
黑	黑	黑	黑	黑	黑	黑	黑
검을 흑	활용한자: 黑白(흑백) 黑色(흑색) 黑鉛(흑연) 黑心(흑심)						

준4급 7획	ノ ㄇ ㅁ ㅁ 吗 吸 吸						
吸	吸	吸	吸	吸	吸	吸	吸
마실 흡	활용한자: 吸入(흡입) 吸煙(흡연) 吸引力(흡인력) 呼吸器(호흡기)						

준4급 16획	´ ſ ſ ſ ﬞ ﬞ 印 印 印 印 門 門 門 鼡 興 興						
興	興	興	興	興	興	興	興
일어날/일 흥	활용한자: 興亡(흥망) 興味(흥미) 興奮(흥분) 興亡盛衰(흥망성쇠)						

준4급 7획	ノ メ ナ 齐 齐 希 希						
希	希	希	希	希	希	希	希
바랄 희	활용한자: 希望(희망) 希求(희구) 希願(희원) 希臘語(희랍어)						

4급 12획	一 十 士 吉 吉 吉 吉 吉 喜 喜 喜 喜						
喜	喜	喜	喜	喜	喜	喜	喜
기쁠 희	활용한자: 喜悲(희비) 喜悅(희열) 喜笑(희소) 喜消息(희소식)						

3급 2획	ㄱ 了						
了	了	了	了	了	了	了	了
마칠 료	활용한자: 完了(완료) 終了(종료) 滿了(만료) 修了(수료)						

부록

- 모양이 비슷하여 혼동하기 쉬운 한자
- 둘 이상의 음을 가진 한자
- 뜻이 서로 반대되는 한자 반의어(反意語)
- 비슷한 의미를 가진 한자 유의어(類義語)
- 수준 높은 고사성어 뜻 익히기
- 초등학생이 알아야 할 학년별 漢字 1000字

모양이 비슷하여 혼동하기 쉬운 한자 ①

九 아홉 구	白 흰 백	目 눈 목
力 힘 력	百 일백 백	自 스스로 자

己 몸 기	人 사람 인	書 글 서
巳 뱀 사	入 들 입	晝 낮 주
已 이미 이	八 여덟 팔	畵 그림 화

金 쇠 금	小 작을 소	水 물 수
全 온전 전	少 적을 소	永 길 영

土 흙 토	石 돌 석	形 모양 형
士 선비 사	右 오른 우	刑 형벌 형
工 장인 공	左 왼 좌	刊 새길 간

老 늙을 로	天 하늘 천	車 수레 거/차
孝 효도 효	夫 지아비 부	軍 군사 군

增 더할 증	海 바다 해	招 부를 초
憎 미울 증	悔 뉘우칠 회	昭 밝을 소
僧 중 승	侮 업신여길 모	紹 이을 소

干 방패 간
于 어조사 우

巨 클 거
臣 신하 신

色 빛 색
邑 고을 읍

主 주인 주
住 살 주
注 부을 주
柱 기둥 주

問 물을 문
聞 들을 문
間 사이 간
開 열 개

淸 맑을 청
請 청할 청
晴 갤 청
睛 눈동자 정

使 하여금 사
便 편할 편/똥오줌 변

林 수풀 림
村 마을 촌

待 기다릴 대
特 특별할 특

衣 옷 의
依 의지할 의
夜 밤 야

與 줄 여
興 일어날 흥
輿 수레 여

檢 검사할 검
儉 검소할 검
險 험할 험

作 지을 작
昨 어제 작

母 어미 모
每 매양 매

苦 쓸 고
若 같을 약

往 갈 왕
住 살 주
佳 아름다울 가

考 생각할 고
老 늙을 로
孝 효도 효

獨 홀로 독
濁 흐릴 탁
燭 촛불 촉

둘 이상의 음을 가진 한자 ①

木	① 나무 목 – 木手(목수) ② 모과 모 – 木瓜(모과)	不	① 아닐 불 – 不文(불문) ② 아닐 부 – 不足(부족)
合	① 합할 합 – 合計(합계) ② 홉 홉 – 一合(일홉)	反	① 돌이킬 반 – 反對(반대) ② 뒤집을 번 – 反田(번전)
分	① 나눌 분 – 分裂(분열) ② 푼 푼 – 分錢(푼전)	北	① 북녘 북 – 南北(남북) ② 달아날 배 – 敗北(패배)
行	① 다닐 행 – 行事(행사) ② 항렬 항 – 行列(항렬)	車	① 수레 거 – 自轉車(자전거) ② 수레 차 – 自動車(자동차)
金	① 쇠 금 – 金銀(금은) ② 성 김 – 金九(김구)	洞	① 골 동 – 洞里(동리) ② 밝을 통 – 洞察(통찰)
省	① 살필 성 – 反省(반성) ② 덜 생 – 省略(생략)	便	① 편할 편 – 便利(편리) ② 똥오줌 변 – 便所(변소)
食	① 밥 식 – 食事(식사) ② 먹을 사 – 疎食(소사–거친 음식)	度	① 법도 도 – 速度(속도) ② 헤아릴 탁 – 度地(탁지)
畵	① 그림 화 – 畵家(화가) ② 그을 획 – 畵順(획순)	數	① 셈 수 – 受學(수학) ② 자주 삭 – 數數(삭삭–자주)
讀	① 읽을 독 – 讀書(독서) ② 구절 두 – 句讀(구두)	樂	① 즐길 락 – 娛樂(오락) ② 노래 악 – 音樂(음악) ③ 좋아할 요 – 樂山樂水 (요산요수)

둘 이상의 음을 가진 한자 ②

内	① 안 내 – 内外(내외) ② 궁녀 나 – 内人(나인)	切	① 끊을 절 – 切斷(절단) ② 온통 체 – 一切(일체)
布	① 베 포 – 布木(포목) ② 펼 포 – 公布(공포) ③ 보시 보 – 布施(보시)	宅	① 집 택 – 家宅(가택) ② 집 댁 – 宅内(댁내)
寺	① 절 사 – 寺刹(사찰) ② 관청 시 – 寺人(시인)	見	① 볼 견 – 見學(견학) ② 뵈올 현 – 謁見(알현)
告	① 알릴 고 – 豫告(예고) ② 뵙고 청할 곡 – 出必告(출필곡)	更	① 다시 갱 – 更生(갱생) ② 고칠 경 – 更張(경장)
否	① 아닐 부 – 可否(가부) ② 막힐 비 – 否塞(비색)	易	① 쉬울 이 – 容易(용이) ② 바꿀 역 – 交易(교역)
則	① 법칙 칙 – 法則(법칙) ② 곧 즉 – 然則(연즉)	狀	① 형상 상 – 狀況(상황) ② 문서 장 – 賞狀(상장)
差	① 다를 차 – 差別(차별) ② 어긋날 치 – 參差(참치)	宿	① 잘 숙 – 宿泊(숙박) ② 별자리 수 – 星宿(성수)
降	① 내릴 강 – 昇降(승강) ② 항복할 항 – 降伏(항복)	參	① 참여할 참 – 參與(참여) ② 석 삼 – 參萬(삼만)원
惡	① 악할 악 – 善惡(선악) ② 미워할 오 – 憎惡(증오)	說	① 말씀 설 – 說明(설명) ② 달랠 세 – 遊說(유세) ③ 기쁠 열 – 說樂(열락=悅樂)

加 ⇔ 減 (더할 가) (덜 감)	加減(가감) : 더하거나 뺌. 덧셈과 뺄셈을 아울러 이르는 말.
甘 ⇔ 苦 (달 감) (쓸 고)	甘苦(감고) : 단맛과 쓴맛. 즐거움과 괴로움을 이르는 말.
江 ⇔ 山 (강 강) (뫼 산)	江山(강산) : 강과 산. 자연의 경치를 이르는 말.
强 ⇔ 弱 (강할 강) (약할 약)	强弱(강약) : 힘이나 세력 따위가 강함과 약함. 강자와 약자.
開 ⇔ 閉 (열 개) (닫을 폐)	開閉(개폐) : 문 등을 열고 닫음.
去 ⇔ 來 (갈 거) (올 래)	去來(거래) : 상품이나 용역을 사고 팜. 서로 오고 감.
輕 ⇔ 重 (가벼울 경) (무거울 중)	輕重(경중) : 가벼움과 무거움.
高 ⇔ 低 (높을 고) (낮을 저)	高低(고저) : 높음과 낮음.
曲 ⇔ 直 (굽을 곡) (곧을 직)	曲直(곡직) : 사리의 옳고 그름. 굽음과 곧음을 이르는 말.
公 ⇔ 私 (공평할 공) (사사 사)	公私(공사) : 공적인 일과 사적인 일을 아울러 이르는 말.
官 ⇔ 民 (벼슬 관) (백성 민)	官民(관민) : 관청과 민간. 관리와 민간인을 이르는 말.
君 ⇔ 臣 (임금 군) (신하 신)	君臣(군신) : 임금과 신하를 아울러 이르는 말.
吉 ⇔ 凶 (길할 길) (흉할 흉)	吉凶(길흉) : 운수의 좋음과 나쁨.

뜻이 서로 반대되는 한자
반의어(反義語) ②

男 ⇔ 女 (사내 남) (계집 녀)	男女(남녀) : 남자와 여자.
內 ⇔ 外 (안 내) (바깥 외)	內外(내외) : 안과 밖. 남편과 아내를 아울러 이르는 말.
多 ⇔ 少 (많을 다) (적을 소)	多少(다소) : 많음과 적음. 적기는 하지만 어느 정도.
大 ⇔ 小 (큰 대) (작을 소)	大小(대소) : 크고 작은 것. 큰 것과 작은 것.
得 ⇔ 失 (얻을 득) (잃을 실)	得失(득실) : 얻음과 잃음. 이익과 손해를 아울러 이르는 말.
來 ⇔ 往 (올 래) (갈 왕)	來往(내왕) : 사람이나 차가 오고감. 서로 사귀어 오고감.
賣 ⇔ 買 (팔 매) (살 매)	賣買(매매) : 팔고 삼. 물건을 팔고 삼.
問 ⇔ 答 (물을 문) (대답 답)	問答(문답) : 물음과 대답. 또는 서로 묻고 대답함.
貧 ⇔ 富 (가난할 빈) (부자 부)	貧富(빈부) : 가난함과 넉넉함. 가난함과 부유함.
師 ⇔ 弟 (스승 사) (아우 제)	師弟(사제) : 스승과 제자를 아울러 이르는 말.
死 ⇔ 生 (죽을 사) (날 생)	死生(사생) : 죽음과 삶을 아울러 이르는 말.
死 ⇔ 活 (죽을 사) (살 활)	死活(사활) : 죽음과 삶. 죽기와 살기라는 뜻.
賞 ⇔ 罰 (상줄 상) (벌할 벌)	賞罰(상벌) : 상과 벌. 상을 줌과 벌을 줌.

뜻이 서로 반대되는 한자
반의어(反義語) ③

先 ⇔ 後 (먼저 선) (뒤 후)	先後(선후) : 먼저와 나중. 앞서거니 뒤서거니 함.
善 ⇔ 惡 (착할 선) (악할 악)	善惡(선악) : 착함과 악함. 선과 악을 아울러 이르는 말.
水 ⇔ 火 (물 수) (불 화)	水火(수화) : 물과 불. 극히 곤란한 환경을 비유적인 말.
手 ⇔ 足 (손 수) (발 족)	手足(수족) : 손발. 손과 발을 아울러 이르는 말.
勝 ⇔ 敗 (이길 승) (패할 패)	勝敗(승패) : 이김과 짐. 승리와 패배를 아울러 이르는 말.
始 ⇔ 終 (비로소 시) (마칠 종)	始終(시종) : 처음과 끝. 처음부터 끝까지.
愛 ⇔ 惡 (사랑 애) (미워할 오)	愛惡(애오) : 사랑과 미움.
玉 ⇔ 石 (구슬 옥) (돌 석)	玉石(옥석) : 옥과 돌. 좋은 것과 나쁜 것의 비유적인 말.
溫 ⇔ 冷 (따뜻할 온) (찰 랭)	溫冷(온냉) : 따뜻함과 차가움.
遠 ⇔ 近 (멀 원) (가까울 근)	遠近(원근) : 멀고 가까움. 먼 곳과 가까운 곳.
陰 ⇔ 陽 (그늘 음) (볕 양)	陰陽(음양) : 그늘과 볕. 상반된 성질의 두 가지 기운으로서의 음과 양을 아울러 이르는 말.
姉 ⇔ 妹 (손위누이 자) (누이 매)	姉妹(자매) : 여자형제. 누이와 여동생.
長 ⇔ 短 (긴 장) (짧은 단)	長短(장단) : 길고 짧음. 장점과 단점. 곡조(曲調)의 빠르고 느림.

前 ⇔ 後 (앞 전) (뒤 후)	前後(전후) : 일정한 시점의 앞이나 뒤. 처음과 마지막.
朝 ⇔ 夕 (아침 조) (저녁 석)	朝夕(조석) : 아침과 저녁. 아침밥과 저녁밥을 이르는 말.
祖 ⇔ 孫 (할아비 조) (손자 손)	祖孫(조손) : 할아버지와 손자를 아울러 이르는 말.
晝 ⇔ 夜 (낮 주) (밤 야)	晝夜(주야) : 낮과 밤을 아울러 이르는 말.
主 ⇔ 客 (주인 주) (손님 객)	主客(주객) : 주체와 객체. 주인과 손님을 아울러 이르는 말.
眞 ⇔ 假 (참 진) (거짓 가)	眞假(진가) : 참과 거짓. 진짜와 가짜.
進 ⇔ 退 (나아갈 진) (물러날 퇴)	進退(진퇴) : 나아감과 물러남을 아울러 이르는 말.
天 ⇔ 地 (하늘 천) (땅 지)	天地(천지) : 하늘과 땅. 사람이 사는 세상의 영역.
初 ⇔ 終 (처음 초) (마칠 종)	初終(초종) : 처음과 끝.
出 ⇔ 納 (날 출) (들일 납)	出納(출납) : 돈이나 물품 따위를 내주거나 받아들임.
黑 ⇔ 白 (검을 흑) (흰 백)	黑白(흑백) : 검은빛과 흰빛을 아울러 이르는 말. 옳고 그름.
興 ⇔ 亡 (일어날 흥) (망할 망)	興亡(흥망) : 잘되어 번성하여 일어남과 못되어 다해 없어짐.
喜 ⇔ 悲 (기쁠 희) (슬플 비)	喜悲(희비) : 기쁨과 슬픔을 아울러 이르는 말.

家 = 屋 (집 가) (집 옥)	家屋(가옥) : 사람이 들어가 살기 위해 지은 집.
家 = 宅 (집 가) (집 택)	家宅(가택) : 살림살이하는 집. 사람이 사는 집.
街 = 道 (거리 가) (길 도)	街道(가도) : 도시와 도시 사이를 잇는 큰길.
街 = 路 (거리 가) (길 로)	街路(가로) : 시가지의 도로. 도시의 넓은 길.
歌 = 曲 (노래 가) (굽을 곡)	歌曲(가곡) : 시(詩)에다가 곡을 붙여 만든 서정적인 노래.
歌 = 謠 (노래 가) (노래 요)	歌謠(가요) : 민요, 속요, 유행가 따위의 노래를 이르는 말.
競 = 爭 (다툴 경) (다툴 쟁)	競爭(경쟁) : 같은 목적에 서로 이기거나 앞서려고 다툼.
境 = 界 (지경 경) (지경 계)	境界(경계) : 지역 사이에 일정한 기준으로 구별되는 한계.
階 = 段 (섬돌 계) (층계 단)	階段(계단) : 층층대. 밟고 오르내릴 수 있도록 된 여러 턱.
階 = 層 (섬돌 계) (층 층)	階層(계층) : 사회적 지위와 역할에 따라 구별되는 여러 층.
考 = 慮 (생각할 고) (생각할 려)	考慮(고려) : 어떤 대상에 대하여 생각하고 헤아려 봄.
孤 = 獨 (외로울 고) (홀로 독)	孤獨(고독) : 외로움. 홀로 있는 듯이 외롭고 쓸쓸함.
教 = 訓 (가르칠 교) (가르칠 훈)	教訓(교훈) : 가르침. 가르치고 일깨움.

비슷한 의미를 가진 한자
유의어(類義語) ②

攻 = 擊
(칠 공) (칠 격)

攻擊(공격) : 적을 침. 말로 상대를 비난하거나 반박함.

空 = 虛
(빌 공) (빌 허)

空虛(공허) : 아무것도 없이 텅 빔. 실속이 없이 헛됨.

過 = 失
(지날/허물 과)(잃을 실)

過失(과실) : 부주의로 인하여 생긴 잘못이나 허물.

過 = 誤
(지날/허물 과)(그르칠 오)

過誤(과오) : 잘못이나 허물. 과실.

具 = 備
(갖출 구) (갖출 비)

具備(구비) : 있어야 할 것을 빠짐없이 모두 갖춤.

救 = 濟
(구원할 구) (건널 제)

救濟(구제) : 어려움에 빠진 사람을 돕거나 구하여 줌.

技 = 術
(재주 기) (재주 술)

技術(기술) : 어떤 일을 정확하고 능률적으로 해내는 솜씨.

技 = 藝
(재주 기) (재주 예)

技藝(기예) : 미술·공예 등 갈고닦은 기술과 재주.

念 = 慮
(생각 염) (생각할 려)

念慮(염려) : 여러 가지로 마음을 쓰며 걱정함.

念 = 願
(생각 염) (원할 원)

念願(염원) : 마음속 깊이 생각하고 간절히 바람.

談 = 話
(말씀 담) (말씀 화)

談話(담화) : 이야기를 나눔. 서로 말을 주고받음.

逃 = 亡
(도망 도) (망할 망)

逃亡(도망) : 피하거나 쫓기어 달아남.

逃 = 避
(도망 도) (피할 피)

逃避(도피) : 도망하여 몸을 피함.

到 = 達 (이를 도) (통달할 달)	到達(도달) : 목표한 곳이나 일정한 수준에 다다름.
到 = 着 (이를 도) (붙을 착)	到着(도착) : 목적한 곳에 이르러 닿음.
物 = 件 (물건 물) (물건 건)	物件(물건) : 일정한 형체를 갖춘 물질적 대상.
物 = 品 (물건 물)(상품/물건 품)	物品(물품) : 용도에 필요하고 쓸모 있게 만들어진 물건.
法 = 式 (법 법) (법 식)	法式(법식) : 의식 등의 규칙. 생활상의 예법이나 양식.
法 = 典 (법 법) (법 전)	法典(법전) : 국가가 법규를 체계적으로 정리하여 엮은 책.
兵 = 士 (병사 병) (선비 사)	兵士(병사) : 부사관 이하 군인을 통틀어 이르는 말.
兵 = 卒 (병사 병) (마칠/군사 졸)	兵卒(병졸) : 장교의 지휘를 받는 부사관 이하의 군인.
報 = 告 (갚을/알릴 보) (고할 고)	報告(보고) : 일의 내용이나 결과 따위를 말이나 글로 알림.
保 = 守 (지킬 보) (지킬 수)	保守(보수) : 새로운 것을 반대하고 전통을 보전하여 지킴.
思 = 考 (생각 사) (생각할 고)	思考(사고) : 생각함. 무엇을 헤아리고 판단하고 궁리함.
思 = 念 (생각 사) (생각 념)	思念(사념) : 마음속으로 깊이 생각함.
思 = 想 (생각 사) (생각 상)	思想(사상) : 사회, 정치, 인생 등에 일정한 견해나 생각.

認 = 識 (알 인) (알 식)	認識(인식) : 사물을 분별하고 판단하여 아는 일.
認 = 知 (알 인) (알 지)	認知(인지) : 어떠한 사실을 분명하게 인식하여 앎.
製 = 作 (지을 제) (지을 작)	製作(제작) : 기계나 작품 따위를 재료를 사용하여 만듦.
製 = 造 (지을 제) (지을 조)	製造(제조) : 원료를 가공 처리하여 제품을 만듦.
珍 = 寶 (보배 진) (보배 보)	珍寶(진보) : 진귀한 보배. 아주 진귀한 보물.
聽 = 聞 (들을 청) (들을 문)	聽聞(청문) : 제삼자 의견을 들음. 설교나 연설 따위를 들음.
淸 = 潔 (맑을 청) (깨끗할 결)	淸潔(청결) : 맑고 깨끗함. 깨끗하고 말끔함.
打 = 擊 (칠 타) (칠 격)	打擊(타격) : 세게 때려 침. 공을 방망이로 치는 행위.
討 = 伐 (칠 토) (칠 벌)	討伐(토벌) : 적 따위를 무력으로 없앰.
河 = 川 (물 하) (내 천)	河川(하천) : 크고 작은 강이나 시내를 이르는 말.
河 = 海 (물 하) (바다 해)	河海(하해) : 강과 바다라는 뜻으로, 넓고 깊음을 비유한 말.
希 = 望 (바랄 희) (바랄 망)	希望(희망) : 앞일에 대하여 좋은 결과를 기대함. 바람.
希 = 願 (바랄 희) (원할 원)	希願(희원) : 기대하여 바람. 바라고 원함 =希望(희망).

수준 높은 고사성어 뜻 익히기 [1]

※ 아래 고사성어의 훈·음을 이해하고 뜻을 기억해 보세요.

간세지재(間世之材)

뜻 여러 세대를 통하여 드물게 나타나는 뛰어난 인재.

예 우리 가문과 나라에 도움이 될만한 뛰어난 인물이 나왔다.

이해하기 보통 사람보다 상당히 뛰어난 인재를 말함.

견리사의(見利思義)

뜻 눈앞의 이익을 보면 먼저 의리를 생각함.

예 나에게 이로움이 있을 때 친구의 의리를 더 중요시 생각한다.

이해하기 눈앞에 이익이 보일 때 의리를 생각함.

경이원지(敬而遠之)

뜻 공경은 하지만 가까이하지는 않음.

예 겉으로는 공경하는 체하면서 속으로는 꺼리어 멀리함.

이해하기 공경하기는 하되 가까이하지는 아니함.

고성낙일(孤城落日)

뜻 외따로 고립된 성과 서쪽으로 지는 해라는 뜻.

예 남의 도움이 없이 고립되어 세력이 다하고 있는 매우 외로운 상태.

이해하기 남의 도움을 받지 못하는 외로운 형편을 뜻함.

골육상쟁(骨肉相爭), 골육상잔(骨肉相殘)

뜻 뼈와 살이 서로 싸운다는 말.

예 가까운 혈족끼리 서로 경쟁하고 다툼.

이해하기 동족끼리 서로 싸우거나 경쟁함.

계란유골(鷄卵有骨)

[뜻] 계란에도 뼈가 있다는 말.

[예] 운이 나쁜 사람은 어쩌다 좋은 기회를 만나도 역시 일이 잘 안 됨.

[이해하기] 공교롭게도 좋은 기회에 일이 방해가 됨.

과유불급(過猶不及)

[뜻] 정도가 지나침은 미치지 못한 것과 같음.

[예] 논어의 선진편에 나오는 말로, 중용의 중요성을 이르는 말.

[이해하기] 지나침은 미치지 못한 것과 같다.

교주고슬(膠柱鼓瑟)

[뜻] 거문고의 줄을 괴는 기러기발을 아교로 붙여 놓고 연주함.

[예] 고지식하여 조금도 융통성이 없음을 비유하는 말.

[이해하기] 고지식하여 조금도 융통성이 없음을 말함.

구우일모(九牛一毛)

[뜻] 아홉 마리 소 가운데 한 개의 털이라는 뜻.

[예] 아주 많은 것 가운데 극히 적은 부분을 이르는 말.

[이해하기] 아주 많은 가운데 극히 적은 것.

근묵자흑(近墨者黑)

[뜻] 먹을 가까이 하면 검어진다는 뜻.

[예] 나쁜 사람과 가까이 하면 나쁜 버릇에 물들게 됨.

[이해하기] 나쁜 사람과 사귀면 그 버릇에 물들게 됨.

*아래 고사성어의 훈·음을 이해하고 뜻을 기억해 보세요.

논공행상(論功行賞)

뜻 공의 있고 없음, 크고 작음 등을 따져서 거기에 알맞은 상을 줌.

예 공을 따져서 거기에 알맞은 상을 주다.

이해하기 세운 공을 논정하여 각각 알맞은 상을 줌.

녹음방초(綠陰芳草)

뜻 잎이 푸르게 우거진 숲과 향기로운 풀이란 뜻.

예 여름철의 자연 경치를 이르는 말.

이해하기 푸른 나무 그늘과 풀, 여름의 자연 경치.

농가성진(弄假成眞)

뜻 장난삼아 한 것이 진심으로 한 것과 같이 됨을 이르는 말.

예 : 장난삼아 한 것이 참으로 한 것같이 됨.

이해하기 말을 많이 하거나 함부로 해서는 안 됨.

단도직입(單刀直入)

뜻 혼자서 한 자루의 칼을 휘두르며 적진으로 곧장 쳐들어감.

예 요점이나 문제의 핵심을 곧바로 말함.

이해하기 너절한 허두를 빼고 요점으로 바로 들어감.

도청도설(道聽塗說)

뜻 근거 없이 거리에 떠도는 뜬소문.

예 나도 그 사람에 대한 이야기는 많이 들었지만 도청도설을 믿을 수 있나?

이해하기 길거리에 퍼져 돌아다니는 뜬소문.

수준 높은 고사성어 뜻 익히기 [4]

＊ 아래 고사성어의 훈·음을 이해하고 뜻을 기억해 보세요.

등하불명(燈下不明)

뜻 등잔 밑이 어둡다는 뜻.

예 가까이에서 일어난 일을 오히려 잘 모를 때 이르는 말.

이해하기 가까운 데 것을 알 것 같으나 잘 모름.

만신창이(滿身瘡痍)

뜻 어떤 충격이나 실패 따위로 마음이 심히 상하여 모든 의욕을 잃은 상태를 이르는 말.

예 온몸이 상처투성이가 됨.

이해하기 사물이 성한 데가 없을 만큼 결함이 많음.

동상이몽(同床異夢)

뜻 한 자리에서 같이 자면서도 서로 다른 꿈을 꾼다는 뜻.

예 겉으로는 같이 행동하면서 속으로는 각기 딴생각을 하는 것.

이해하기 겉으로 같이 행동하면서 속으로는 딴생각을 함.

면종복배(面從腹背)

뜻 겉으로는 복종하는 체하면서 마음속으로는 배반함.

예 저 사람은 워낙 교활해서 면종복배를 잘하니 무조건 믿어서는 안 돼.

이해하기 겉으로 복종하면서 마음속으로 반대함.

명약관화(明若觀火)

뜻 불을 보는 것처럼 분명하고 뻔함.

예 돌아가면 잡힐 것이 명약관화한데도 가겠다고?

이해하기 더 말할 나위 없이 명백함.

문일지십(聞一知十)

뜻 한 가지를 듣고 열 가지를 미루어 안다는 뜻.

예 지극히 총명함을 이르는 말.

이해하기 총명하고 지혜로움을 이르는 말.

백골난망(白骨難忘)

뜻 죽어서 뼈만 남은 뒤에도 잊을 수 없다는 뜻.

예 남에게 큰 은혜나 덕을 입었을 때 고마움을 나타내는 말.

이해하기 죽어 백골이 되어도 은덕을 잊을 수 없다.

부화뇌동(附和雷同)

뜻 줏대 없이 의견을 같이하여 움직이다.

예 아무런 주관이 없이 남의 의견을 맹목적으로 좇아 함께 어울림.

이해하기 남의 의견을 덮어놓고 좇아 행동함.

백절불굴(百折不屈)

뜻 수없이 많이 꺾여도 굴하지 않고 이겨 나감.

예 우리 군은 백절불굴의 의지로 이번 임무를 완수해 낼 것이다.

이해하기 백번 꺾이어도 결코 굽히지 않음.

불문곡직(不問曲直)

뜻 사리의 옳고 그름을 따져 묻지 않음.

예 일의 잘잘못을 묻지 아니하고 다짜고짜 행동함.

이해하기 옳고 그름을 따져 묻지 않음.

불요불굴(不撓不屈)

뜻 의지 따위가 흔들리지 않고 굽힘이 없음.

예 흔들리지 않고 굽힘이 없다.

이해하기 결심이 흔들리지 않고 굽힘이 없다.

사상누각(砂上樓閣)

뜻 모래 위에 세운 누각이라는 뜻.

예 기초가 튼튼하지 못하여 오래가지 못할 일이나 사물을 이르는 말.

이해하기 기초가 약하여 오래 유지하지 못함.

사필귀정(事必歸正)

뜻 모든 일은 반드시 바른길로 돌아가게 마련임.

예 모두 반드시 바른길로 돌아가다.

이해하기 무슨 일이든 결국은 올바른 이치대로 됨.

사고무친(四顧無親)

뜻 주위에 의지할 만한 사람이 전혀 없음.

예 저 사람은 사고무친하니 자네와 친하게 지내보게나.

이해하기 사방을 돌아보아도 친한 사람이 없음.

사분오열(四分五裂)

뜻 여러 갈래로 나뉘어 흩어지게 되다.

예 어떤 사물이나 견해 따위가 여러 갈래로 갈라지거나 흩어짐.

이해하기 이리저리 아무렇게나 나눠지고 찢어짐.

선공후사(先公後私)

뜻 공적인 일을 먼저 하고 사사로운 일은 나중에 함.

예 저분은 선공후사와 근검절약을 온몸으로 실천한 사람이다.

이해하기 공적인 일을 먼저 하고 사적인 일은 미룸.

설상가상(雪上加霜)

뜻 눈이 내리는 위에 서리까지 더한다는 뜻.

예 어려운 일이나 불행이 겹쳐서 일어남을 이르는 말.

이해하기 불행한 일이 엎친 데 덮쳐서 거듭 일어남.

선풍도골(仙風道骨)

뜻 신선의 풍채와 도인의 골격이라는 뜻.

예 뛰어나게 고상하고 우아한 풍채를 이르는 말이다.

이해하기 보통 사람보다 뛰어나게 고상하고 우아함.

수불석권(手不釋卷)

뜻 손에서 책을 놓지 않는다는 뜻.

예 늘 책이나 글을 읽음을 이르는 말.

이해하기 늘 손에서 책을 놓지 않고 열심히 공부함.

신출귀몰(神出鬼沒)

뜻 귀신같이 나타났다가 사라진다는 뜻.

예 자유자재로 돌연 나타났다가 문득 없어짐을 이르는 말.

이해하기 귀신이 출몰하듯 자유자재로 변화함.

수서양단(首鼠兩端)

뜻 쥐는 의심이 많아 구멍에 머리를 내밀고 나갈까 말까를 결정하지 못함.

예 어느 쪽으로 결정짓지 못하고 망설이는 상태.

이해하기 거처를 결정 못하고 관망하는 상태.

안하무인(眼下無人)

뜻 눈 아래에 보이는 사람이 없다는 뜻.

예 방자하고 교만하여 다른 사람을 업신여김을 이르는 말.

이해하기 방자하고 교만하여 사람을 업신여김.

언중유골(言中有骨)

뜻 말 속에 뼈가 있다는 뜻.

예 예사로운 말 속에 깊은 속뜻이 숨어 있음을 말함.

이해하기 예사로운 말 속에 뼈 같은 속뜻이 있다.

언어도단(言語道斷)

뜻 어이가 없어서 말문이 막힘.

예 매일 놀면서도 전교 일등을 하다니 언어도단이 아닐 수 없다.

이해하기 너무 어이가 없어 할 말이 없음.

오비삼척(吾鼻三尺)

뜻 내 코가 석 자라는 뜻.

예 자기 사정이 급박하여 남을 돌보아 줄 겨를이 없음을 말함.

이해하기 자기가 곤궁하여 남을 돌볼 겨를이 없다.

욕속부달(欲速不達)

뜻 일을 너무 빨리 하고자 서두르면 도리어 이루지 못함.

예 「논어」의 자로편에 나오는 공자의 말이다.

이해하기 일을 너무 속히 서두르면 이루지 못함.

용사비등(龍蛇飛騰)

뜻 용이 하늘로 날아오름을 뜻함.

예 용이 움직이는 것같이 아주 활기 있게 잘 쓴 필력을 이르는 말.

이해하기 생동하듯 느껴지는 잘 쓴 필력을 말함.

유만부동(類萬不同)

뜻 ① 여러 가지의 사물이 비슷한 것이 많으나 서로 같지는 않음. ② 분수에 맞지 않음.

예 비슷한 것이 많으나 서로 같지는 않다.

이해하기 여러 가지가 많다 하여도 서로 같지 않음.

음풍농월(吟風弄月)

뜻 맑은 바람을 읊고 밝은 달을 즐긴다는 뜻.

예 아름다운 자연의 경치를 시로 노래하며 즐김을 말함.

이해하기 맑은 바람과 밝은 달에 대하여 시를 즐김.

유구무언(有口無言)

뜻 입은 있으나 할 말이 없다는 뜻.

예 변명할 말이 없음을 이르는 말.

이해하기 변명할 말이 없거나 변명을 못함.

수준 높은 고사성어 뜻 익히기 [10]

인과응보(因果應報)

뜻 선을 행하면 선의 결과가, 악을 행하면 악의 결과가 반드시 뒤따름.

예 죄를 지으면 반드시 벌을 받고, 착한 일을 하면 좋은 보답을 받게 됨.

이해하기 사람이 행한 선악의 결과는 반드시 뒤따름.

일명경인(一鳴驚人)

뜻 한번 시작하면 사람을 놀라게 할 만큼의 대사업을 이룩함.

예 춘추 전국 시대 순우곤이 새를 통하여 위왕을 간한 데서 유래함.

이해하기 한번 일하면 사람이 놀랄 만큼 성과를 올림.

이율배반(二律背反)

뜻 서로 모순되는 두 명제가 동등한 타당성을 가지고 주장되는 일.

예 서로 반대되는 두 명제가 동등하게 주장되는 것은 이율배반이다.

이해하기 서로 반대되는 두 명제가 동등한 권리 주장.

일어탁수(一魚濁水)

뜻 한 마리의 고기가 물을 흐린다는 뜻.

예 한 사람의 잘못으로 여러 사람이 그 피해를 입게 됨.

이해하기 한 사람의 잘못으로 여러 사람이 피해를 봄.

일언지하(一言之下)

뜻 한마디로 딱 잘라 말함.

예 나에게 돈 좀 빌려 달라는데 일언지하에 거절했다.

이해하기 두말할 나위 없이 한마디로 딱 잘라 말함.

수준 높은 고사성어 뜻 익히기 [11]

일취월장(日就月將)

뜻 날로 달로 발전하거나 성장함.

예 너의 노래 실력이 1년 만에 일취월장으로 발전되었다.

이해하기 나날이, 다달이 계속하여 발전해 나감.

자승자박(自繩自縛)

뜻 제 줄로 제 몸을 옭아 묶는다는 뜻.

예 자신이 한 말과 행동으로 자신이 구속되어 괴로움을 당하게 됨.

이해하기 자신의 언행으로 인하여 자신의 구속됨.

작사도방(作舍道傍)

뜻 어떤 일에 여러 사람의 의견이 서로 달라서 얼른 결정하지 못함.

예 의견을 다 듣다가는 아무 일도 이룰 수 없음.

이해하기 무슨 일을 할 때 남의 어떤 이론이 많아 얼른 결정하지 못함.

절차탁마(切磋琢磨)

뜻 옥이나 뿔 따위를 갈고 닦아서 빛을 낸다는 뜻.

예 학문이나 도덕, 기예 등을 열심히 배우고 익혀 수련함.

이해하기 학문이나 도덕 인격 등을 수련하고 연마함.

자가당착(自家撞着)

뜻 한 사람의 말이나 행동이 앞뒤가 서로 맞지 않고 모순이 됨.

예 그 사람이 말이나 행동을 잘못하면 자가당착에 빠지게 된다.

이해하기 한 사람의 문장이나 언행이 서로 맞지 않음.

조령모개(朝令暮改)

뜻 아침에 명령을 내렸다가 저녁에 다시 고친다는 뜻.

예 명령이나 법령을 자주 고쳐 어려움을 말함.

이해하기 계획이나 결정 따위를 자주 고치는 일.

주마가편(走馬加鞭)

뜻 달리는 말에 채찍질한다는 뜻.

예 열심히 하는 사람을 더욱 잘하도록 격려함을 말함.

이해하기 정진하는 사람을 더 한층 독려함.

중구삭금(衆口鑠金)

뜻 뭇사람의 말은 쇠도 녹인다는 뜻.

예 여론의 힘이 큼을 말함.

이해하기 수많은 사람의 말은 무섭다는 뜻.

좌정관천(坐井觀天)

뜻 우물 안에 앉아서 하늘을 본다는 뜻.

예 견문이 아주 좁음을 말함.

이해하기 우물 안에 있으니 견문이 아주 좁음을 뜻함. 우물 안 개구리.

주마간산(走馬看山)

뜻 말을 타고 달리며 산천을 구경한다는 뜻.

예 사물을 자세히 살펴보지 않고 겉만을 대충 보는 것을 말함.

이해하기 바쁘고 어수선하여 살펴볼 여의가 없음.

지리멸렬(支離滅裂)

뜻 이리저리 찢기고 마구 흩어져 갈피를 잡을 수 없음.

예 폭격으로 인하여 모두 지리멸렬의 상태가 되다.

이해하기 이리저리 뒤섞여 갈피를 잡을 수 없는 상태.

창해일속(滄海一粟)

뜻 넓은 바다 가운데 한 알의 좁쌀이라는 뜻.

예 매우 많거나 넓은 것 가운데 섞여 있는 보잘것없는 것을 말함.

이해하기 과대한 속의 보잘것없는 존재.

천의무봉(天衣無縫)

뜻 하늘나라 사람의 옷은 바느질 자국이 없다는 뜻.

예 일부러 꾸민 데 없이 자연스럽고 완전무결하여 흠잡을 데가 없음을 말함.

이해하기 선녀의 옷은 인공 흔적이 없이 완전무결함.

청출어람(靑出於藍)

뜻 쪽에서 뽑아낸 푸른 물감이 쪽보다 더 푸르다는 뜻.

예 제자가 스승보다 나음을 비유적으로 이르는 말.

이해하기 쪽보다 푸르니 제자가 스승보다 낫다는 말.

초록동색(草綠同色)

뜻 서로 같은 처지나 같은 무리의 사람들끼리 어울림을 말함.

예 "팔은 안으로 굽는다.", "가재는 게 편", "유유상종"

이해하기 서로 같은 처지에 있으니 같은 편이 된다.

칠종칠금(七縱七擒)

🈳 제갈량이 맹획을 일곱 번 놓아주고 일곱 번 사로잡았다는 고서.

㈄ 상대방을 마음대로 다룸을 뜻함.

이해하기 상대방을 마음대로 휘어잡음을 뜻함.

탐관오리(貪官汚吏)

🈳 재물을 탐하고 행실이 깨끗하지 못한 관리를 뜻함.

㈄ 농민들이 땀 흘려 수확한 곡식을 모두 탐관오리에게 빼앗기다.

이해하기 재물을 탐내고 마음이 깨끗하지 못한 관리.

태연자약(泰然自若)

🈳 마음에 어떤 충격을 받아도 변함없이 천연스럽다.

㈄ 심리적으로 충격을 받을 만한 상황인데도 전혀 태도의 변화가 없다.

이해하기 마음에 어떤 충격을 받아도 천연스럽다.

파안대소(破顔大笑)

🈳 매우 즐거운 표정으로 한바탕 크게 웃음을 뜻함.

㈄ 얼굴빛을 환하게 하여 한바탕 크게 웃다.

이해하기 얼굴빛을 환하게 하여 크게 웃음.

포의지교(布衣之交)

🈳 베옷을 입을 때의 사귐이라는 뜻.

㈄ 벼슬을 하기 전 선비 시절에 사귐을 말함.

이해하기 벼슬을 하기 전 선비 시절에 사귄 벗.

풍전등화(風前燈火)

뜻 바람 앞의 등불이라는 뜻.

예 매우 위태로운 처지나 오래 견디지 못할 상태를 말함.

이해하기 오래 견디지 못할 매우 위급한 처지.

허심탄회(虛心坦懷)

뜻 따로 품은 생각이나 거리낌이 없이 솔직함을 뜻함.

예 품은 생각을 터놓고 말할 만큼 마음에 아무런 거리낌이 없고 솔직함.

이해하기 마음속에 따로 품은 생각 없이 솔직함.

현하구변(懸河口辯)

뜻 마치 물이 흐르는 것처럼 막힘없이 잘하는 말.

예 너의 말은 언제나 현하구변이구나!

이해하기 흐르는 물과 같이 거침없이 나오는 말.

호구지책(糊口之策)

뜻 입에 풀칠을 할 방책을 뜻함.

예 죽지 아니하고 살아갈 만큼 간신히 먹고 살아갈 수 있는 방법을 말함.

이해하기 가난한 살림에 겨우 먹고 살아가는 방책.

홍로점설(紅爐點雪)

뜻 빨갛게 달아오른 화로 위에 눈을 조금 부린 것과 같다는 뜻.

예 큰일을 하는 데 있어 작은 힘은 아무 도움이 되지 않음을 말함.

이해하기 큰일에 작은 힘은 아무 보탬이 되지 않음.

화용월태(花容月態)

뜻 꽃다운 얼굴과 달 같은 자태라는 뜻.

예 미인의 모습을 형용하여 이르는 말.

이해하기 아름다운 여인의 얼굴과 맵시.

호언장담(豪言壯談)

뜻 의기양양하여 자신 있게 말함.

예 내가 노래자랑 나가면 무조건 일등 한다고 호언장담을 한다.

이해하기 분수에 맞지 않는 말을 희떱게 지껄임.

화중지병(畵中之餠)

뜻 그림 속의 떡이라는 뜻.

예 아무리 마음에 들어도 이용할 수 없거나 차지할 수 없음을 말함.

이해하기 아무리 탐이 나도 차지할 수 없음.

화서지몽(華胥之夢)

뜻 낮잠 또는 좋은 꿈을 이르는 말.

예 고대 중국의 황제가 낮잠을 자다가 꿈을 꾸었는데 화서라는 나라에 가서 그 나라의 어진 정치를 보고 깨달았다는 고사에서 유래함.

환골탈태(換骨奪胎)

뜻 용모가 전혀 몰라볼 정도로 아름다워지는 것.

예 시나 문장이 추고를 거쳐 새로운 뜻과 미를 지니게 됨을 뜻함.

이해하기 낡은 제도나 관습 따위를 고쳐 모습이나 상태가 새롭게 바뀐 것을 말함.

초등학생이 알아야 할 학년별 漢字 1000字

초등학생 1 학년이 배워야 할 기초 한자 [8급] 50字

校	敎	九	國	軍	金	南	女
학교 교	가르칠 교	아홉 구	나라 국	군사 군	쇠 금/성 김	남녘 남	여자 녀
年	大	東	六	萬	母	木	門
해 년	큰 대	동녘 동	여섯 륙	일만 만	어미 모	나무 목	문 문
民	白	父	北	四	山	三	生
백성 민	흰 백	아비 부	북녘 북	넉 사	메 산	석 삼	날 생
西	先	小	水	室	十	五	王
서녘 서	먼저 선	작을 소	물 수	집 실	열 십	다섯 오	임금 왕
外	月	二	人	一	日	長	弟
바깥 외	달 월	두 이	사람 인	한 일	날 일	긴/어른 장	아우 제
中	靑	寸	七	土	八	學	韓
가운데 중	푸를 청	마디 촌	일곱 칠	흙 토	여덟 팔	배울 학	한국 한
兄	火						
맏/형 형	불 화						

家	집 가	歌	노래 가	間	사이 간	江	강 강	車	수레 거/차	工	장인 공
空	빌 공	口	입 구	記	기록할 기	氣	기운 기	旗	기 기	男	사내 남
內	안 내	農	농사 농	答	대답 답	道	길 도	同	한가지 동	洞	골 동/밝을 통
冬	겨울 동	動	움직일 동	登	오를 등	來	올 래	力	힘 력	老	늙을 로
里	마을 리	林	수풀 림	立	설 립	每	매양 매	面	낯 면	名	이름 명
命	목숨 명	問	물을 문	文	글월 문	物	물건 물	方	모 방	百	일백 백
夫	지아비 부	不	아닐 불/부	事	일 사	算	셈 산	上	위 상	色	빛 색
夕	저녁 석	姓	성 성	世	인간 세	少	적을 소	所	바 소	手	손 수
數	셈 수	市	저자 시	時	때 시	食	밥/먹을 식	植	심을 식	心	마음 심
安	편안 안	語	말씀 어	然	그럴 연	午	낮 오	右	오른쪽 우	有	있을 유
育	기를 육	邑	고을 읍	入	들 입	子	아들 자	字	글자 자	自	스스로 자
場	마당 장	全	온전 전	前	앞 전	電	번개 전	錢	돈 전	傳	전할 전
專	오로지 전	轉	구를 전	節	마디 절	絕	끊을 절	正	바를 정	祖	할아비 조
足	발 족	左	왼 좌	主	임금/주인 주	住	살 주	重	무거울/거듭 중	地	땅 지
紙	종이 지	直	곧을 직	千	일천 천	天	하늘 천	川	내 천	村	마을 촌
秋	가을 추	春	봄 춘	出	날 출	便	편할 편	平	평평할 평	下	아래 하
夏	여름 하	漢	한수/한나라 한	海	바다 해	花	꽃 화	話	말씀 화	活	살 활
孝	효도 효	後	뒤 후	休	쉴 휴						

各 각각 각	角 뿔 각	感 느낄 감	強 강할 강	開 열 개	京 서울 경
界 지경 계	計 셀 계	古 예 고	苦 쓸 고	高 높을 고	功 공 공
共 한가지 공	公 공평할 공	果 실과 과	科 과목 과	光 빛 광	交 사귈 교
區 구분할 구	球 공 구	郡 고을 군	近 가까울 근	根 뿌리 근	今 이제 금
急 급할 급	級 등급 급	多 많을 다	短 짧을 단	堂 집 당	代 대신 대
待 기다릴 대	度 법도 도/헤아릴 탁	圖 그림 도	讀 읽을 독/구절 두	童 아이 동	頭 머리 두
等 무리 등	樂 즐길 락/노래 악	例 법식 례	禮 예도 례	路 길 로	綠 푸를 록
理 다스릴 리	利 이할 리	李 오얏/성 리	明 밝을 명	目 눈 목	聞 들을 문
米 쌀 미	美 아름다울 미	朴 순박할/성 박	反 돌아올 반	半 반 반	班 나눌 반
發 필 발	放 놓을 방	番 차례 번	別 다를/나눌 별	病 병 병	服 옷 복
本 근본 본	部 떼 부	分 나눌 분	使 하여금/부릴 사	死 죽을 사	社 모일 사
書 글 서	石 돌 석	席 자리 석	線 줄 선	雪 눈 설	成 이룰 성
省 살필 성/덜 생	消 사라질 소	速 빠를 속	孫 손자 손	樹 나무 수	術 재주 술
習 익힐 습	勝 이길 승	始 비로소 시	式 법 식	身 몸 신	神 귀신 신
信 믿을 신	新 새 신	失 잃을 실	愛 사랑 애	夜 밤 야	野 들 야
弱 약할 약	藥 약 약	洋 큰바다 양	陽 볕 양	言 말씀 언	業 업 업
永 길 영	英 꽃부리 영	溫 따뜻할 온	用 쓸 용	勇 날랠 용	運 운전/옮길 운
遠 멀 원	園 동산 원	由 말미암을 유	銀 은 은	音 소리 음	飮 마실 음
衣 옷 의	醫 의원 의	意 뜻 의	者 놈 자	作 지을 작	昨 어제 작
殘 남을 잔	章 글 장	才 재주 재	在 있을 재	戰 싸움 전	定 정할 정
庭 뜰 정	第 차례 제	題 제목 제	朝 아침 조	族 겨레 족	注 부을 주
晝 낮 주	集 모을 집	窓 창 창	淸 맑을 청	體 몸 체	親 친할 친
太 클 태	通 통할 통	特 특별할 특	表 겉 표	風 바람 풍	合 합할 합
行 다닐 행/항렬 항	幸 다행 행	向 향할 향	現 나타날 현	形 모양 형	號 이름 호
和 화할 화	畵 그림 화/그을 획	黃 누를 황	會 모일 회	訓 가르칠 훈	

可	옳을 가	加	더할 가	價	값 가	改	고칠 개	客	손 객	去	갈 거
擧	들 거	建	세울 건	件	물건 건	健	굳셀 건	格	격식 격	見	볼 견
決	결단할 결	結	맺을 결	景	볕 경	輕	가벼울 경	敬	공경할 경	競	다툴 경
固	굳을 고	考	생각할 고	告	고할 고	曲	굽을 곡	課	공부할/과정 과	過	지날 과
觀	볼 관	關	관계할 관	廣	넓을 광	橋	다리 교	救	구원할 구	舊	예 구
具	갖출 구	局	판 국	貴	귀할 귀	規	법 규	給	줄 급	己	몸 기
期	기약할 기	基	터 기	技	재주 기	汽	물끓는김 기	吉	길할 길	念	생각 념
能	능할 능	壇	단 단	團	둥글 단	談	말씀 담	當	마땅 당	對	대할 대
德	큰 덕	到	이를 도	島	섬 도	都	도읍 도	獨	홀로 독	落	떨어질 락
朗	밝을 랑	冷	찰 랭	良	어질 량	量	헤아릴 량	歷	지날 력	練	익힐 련
令	하여금 령	領	거느릴 령	勞	일할 로	流	흐를 류	類	무리 류	陸	뭍 륙
馬	말 마	末	끝 말	亡	망할 망	望	바랄 망	買	살 매	賣	팔 매
無	없을 무	倍	곱 배	變	변할 변	兵	병사 병	福	복 복	奉	받들 봉
比	견줄 비	鼻	코 비	費	쓸 비	氷	얼음 빙	士	선비 사	仕	섬길 사
史	사기 사	思	생각 사	查	조사할 사	寫	베낄 사	産	낳을 산	賞	상줄 상
商	장사 상	相	서로 상	序	차례 서	仙	신선 선	鮮	고울 선	善	착할 선
船	배 선	選	가릴 선	說	말씀 설/달랠 세	性	성품 성	洗	씻을 세	歲	해 세
束	묶을 속	首	머리 수	宿	잘 숙/별자리 수	順	순할 순	示	보일 시	識	알식/기록할 지
臣	신하 신	實	열매 실	案	책상 안	兒	아이 아	惡	악할 악	約	맺을 약
養	기를 양	魚	물고기 어	漁	고기잡을 어	億	억 억	熱	더울 열	葉	잎 엽
屋	집 옥	完	완전할 완	要	요긴할 요	曜	빛날 요	浴	목욕할 욕	友	벗 우
牛	소 우	雨	비 우	雲	구름 운	雄	수컷 웅	元	으뜸 원	原	언덕 원
願	원할 원	院	집 원	位	자리 위	偉	클 위	油	기름 유	以	써 이
耳	귀 이	因	인할 인	任	맡길 임	材	재목 재	財	재물 재	再	두 재
災	재앙 재	爭	다툴 쟁	貯	쌓을 저	的	과녁 적	赤	붉을 적	典	법/맡길 전

4학년이 배워야 할 추가 한자

展	펼 전	切	끊을 절/온통 체	店	가게 점	停	머무를 정	情	뜻 정	調	고를 조
操	잡을 조	卒	마칠 졸	種	씨 종	終	마칠 종	罪	허물 죄	州	고을 주
週	주일 주	止	그칠 지	知	알 지	質	바탕 질	着	닿을/붙을 착	參	참여할 참
唱	부를 창	責	꾸짖을 책	鐵	쇠 철	初	처음 초	草	풀 초	最	가장 최
祝	빌 축	充	채울 충	致	이룰/이를 치	則	법칙 칙/곧 즉	他	다를 타	打	칠 타
宅	집 택/댁	卓	높을/뛰어날 탁	炭	숯 탄	板	널 판	敗	패할 패	必	반드시 필
筆	붓 필	河	물 하	寒	찰 한	害	해할 해	許	허락 허	湖	호수 호
化	될 화	患	근심 환	效	본받을 효	凶	흉할 흉	黑	검을 흑		

초등학생 5학년이 배워야 할 추가 한자 [4급] 243字

街	거리 가	假	거짓 가	減	덜 감	監	볼 감	講	욀 강	康	편안 강
個	낱 개	檢	검사할 검	潔	깨끗할 결	缺	이지러질 결	經	지날/글 경	慶	경사 경
境	지경 경	警	깨우칠 경	係	맬 계	故	연고 고	攻	칠 공	官	벼슬 관
求	구할 구	究	연구할 구	句	글귀 구	宮	집 궁	權	권세 권	極	다할/극진할 극
禁	금할 금	起	일어날 기	器	그릇 기	暖	따뜻할 난	難	어려울 난/란	怒	성낼 노
努	힘쓸 로	單	홑 단	端	끝 단	檀	박달나무 단	斷	끊을 단	達	통달할 달
擔	멜 담	黨	무리 당	帶	띠 대	隊	무리 대	導	인도할 도	督	감독할 독
銅	구리 동	斗	말 두	豆	콩 두	得	얻을 득	燈	등 등	羅	벌일 라
兩	두 량	麗	고울 려	連	이을 련	列	벌일 렬	錄	기록할 록	論	논할 론
留	머무를 류	律	법칙 률	滿	찰 만	脈	줄기 맥	毛	터럭 모	牧	칠 목
武	호반 무	博	넓을 박	房	방 방	防	막을 방	訪	찾을 방	拜	절 배
配	나눌/짝 배	背	등 배	伐	칠 벌	罰	벌할 벌	壁	벽 벽	邊	가 변
保	지킬 보	步	걸음 보	報	갚을/알릴 보	寶	보배 보	復	회복할 복	富	부자 부
婦	며느리 부	府	마을/관청 부	副	버금 부	佛	부처 불	非	아닐 비	悲	슬플 비
飛	날 비	備	갖출 비	貧	가난할 빈	寺	절 사	舍	집 사	謝	사례할 사

5학년이 배워야 할 추가 한자

師	스승 사	殺	죽일 살/감할 쇄	常	떳떳할 상	想	생각 상	床	상 상	狀	형상 상/문서 장
設	베풀 설	城	재 성	誠	정성 성	盛	성할 성	星	별 성	聖	성인 성
聲	소리 성	稅	세금 세	細	가늘 세	勢	형세 세	素	본디/흴 소	笑	웃음 소
掃	쓸 소	俗	풍속 속	續	이을 속	送	보낼 송	受	받을 수	授	줄 수
守	지킬 수	收	거둘 수	修	닦을 수	純	순수할 순	承	이을 승	是	이/옳을 시
詩	글/시 시	視	볼 시	施	베풀 시	試	시험 시	息	쉴 식	申	알릴/납 신
深	깊을 심	眼	눈 안	暗	어두울 암	壓	억누를 압	液	액체/진액 액	羊	양 양
餘	남을 여	如	같을 여	逆	거스릴 역	煙	연기 연	研	갈 연	演	펼 연
榮	영화 영	誤	그르칠 오	玉	구슬 옥	往	갈 왕	謠	노래 요	容	얼굴 용
圓	둥글 원	員	인원 원	爲	할 위	衛	지킬 위	肉	고기 육	恩	은혜 은
陰	그늘 음	應	응할 응	義	옳을 의	議	의논할 의	移	옮길 이	益	더할 익
引	끌 인	認	알 인	印	도장 인	將	장수 장	障	막을 장	低	낮을 저
敵	대적할 적	接	접할/이을 접	政	정사 정	精	정할 정	程	한도/길 정	祭	제사 제
除	덜 제	製	지을 제	提	끌 제	制	절제할 제	際	즈음/가 제	濟	건널 제
早	이를 조	造	지을 조	鳥	새 조	助	도울 조	尊	높을 존	宗	마루 종
走	달릴 주	竹	대 죽	準	법/준할 준	衆	무리 중	增	더할 증	支	지탱할 지
指	가리킬 지	志	뜻 지	至	이를 지	職	벼슬/직분 직	眞	참 진	進	나아갈 진
次	버금 차	察	살필 찰	創	비롯할 창	處	곳 처	請	청할 청	銃	총 총
總	다 총	蓄	모을 축	築	쌓을 축	忠	충성 충	蟲	벌레 충	取	가질 취
測	헤아릴 측	治	다스릴 치	齒	이 치	置	둘 치	侵	침노할/잠길 침	快	쾌할 쾌
態	태도/모습 태	統	거느릴 통	退	물러날 퇴	破	깨뜨릴 파	波	물결 파	布	베포/보시 보
包	쌀 포	砲	대포 포	暴	사나울 폭/포	票	표 표	豊	풍년 풍	限	막을/한할 한
港	항구 항	航	배 항	解	풀 해	香	향기 향	鄕	시골 향	虛	빌 허
驗	시험 험	賢	어질 현	血	피 혈	協	화할 협	惠	은혜 혜	戶	지게문/집 호
呼	부를 호	好	좋을 호	護	지킬/도울 호	貨	재물 화	確	굳을 확	回	돌 회
吸	마실 흡	興	일어날/일 흥	希	바랄 희						

暇	겨를/틈 가	覺	깨달을 각	刻	새길 각	干	방패 간	看	볼 간	簡	간략할/대쪽 간
甘	달 감	敢	감히/구태여 감	甲	갑옷 갑	更	다시 갱/고칠 경	巨	클 거	居	살 거
拒	막을 거	據	근거 거	降	내릴 강	傑	뛰어날 걸	儉	검소할 검	擊	칠 격
激	화낼 격	犬	개 견	堅	굳을 견	驚	놀랄 경	鏡	거울 경	傾	기울 경
季	계절 계	鷄	닭 계	系	이어맬 계	戒	경계할 계	繼	이을 계	階	섬돌 계
庫	곳집 고	孤	외로울 고	穀	곡식 곡	困	곤할 곤	骨	뼈 골	孔	구멍 공
管	대롱/주관할 관	鑛	쇳돌 광	構	얽을 구	君	임금 군	群	무리 군	屈	굽힐 굴
窮	다할/궁할 궁	卷	책 권	券	문서 권	勸	권할 권	歸	돌아갈 귀	均	고를 균
劇	심할/놀이 극	勤	부지런할 근	筋	힘줄 근	紀	벼리 기	奇	기특할 기	寄	부칠 기
機	틀 기	納	들일 납	段	층계 단	徒	무리 도	逃	도망할 도	盜	도둑 도
毒	독 독	卵	알 란	亂	어지러울 란	覽	볼 람	略	간략할/약할 략	糧	양식 량
旅	나그네 려	慮	생각할 려	烈	매울 렬	料	헤아릴 료	龍	용 룡	柳	버들 류
輪	바퀴 륜	離	떠날 리	妹	누이 매	勉	힘쓸 면	鳴	울 명	模	본뜰 모
妙	묘할 묘	墓	무덤 묘	務	힘쓸 무	舞	춤출 무	未	아닐 미	味	맛 미
密	빽빽할 밀	拍	칠 박	髮	터럭 발	妨	방해할 방	犯	범할 범	範	법 범
法	법 법	辯	말씀 변	普	넓을 보	伏	엎드릴 복	複	겹칠 복	否	아닐 부
負	질 부	粉	가루 분	憤	분할 분	批	비평할 비	碑	비석 비	秘	숨길 비
射	쏠 사	私	사사 사	絲	실 사	辭	말씀 사	散	흩을 산	傷	다칠 상
象	코끼리 상	宣	베풀 선	舌	혀 설	屬	붙일 속	損	덜 손	松	소나무 송
頌	기릴/칭송할 송	秀	빼어날 수	叔	아재비 숙	肅	엄숙할 숙	崇	높을 숭	氏	각시/성씨 씨
額	이마 액	樣	모양 양	嚴	엄할 엄	與	더불/줄 여	易	바꿀 역/쉬울 이	域	지경 역
延	늘일 연	燃	탈 연	鉛	납 연	緣	인연 연	迎	맞을 영	營	경영할 영
映	비칠 영	藝	재주 예	豫	미리 예	遇	만날 우	郵	우편 우	優	넉넉할 우
怨	원망할 원	源	근원 원	援	도울 원	危	위태할 위	威	위엄 위	圍	에워쌀 위
委	맡길 위	慰	위로할 위	遊	놀 유	遺	남길 유	乳	젖 유	儒	선비 유

6학년이 배워야 할 추가 한자

隱	숨을 은	依	의지할 의	儀	거동 의	疑	의심할 의	異	다를 이	仁	어질 인
姊	손윗누이 자	資	재물 자	姿	모양 자	雜	섞일 잡	壯	씩씩할/장할 장	張	베풀 장
底	밑 저	帳	장막 장	裝	꾸밀 장	獎	장려할 장	腸	창자 장	適	맞을 적
籍	문서 적	賊	도둑 적	積	쌓을 적	績	길쌈 적	田	밭 전	折	꺾을 절
占	점령할/점칠 점	點	점 점	丁	장정/고무래 정	靜	고요할 정	整	가지런할 정	帝	임금 제
條	가지 조	潮	조수 조	組	짤 조	存	있을 존	鐘	쇠북 종	從	좇을 종
座	자리 좌	朱	붉을 주	酒	술 주	周	두루 주	證	증거 증	持	가질 지
誌	기록할 지	智	지혜 지	織	짤 직	盡	다할 진	陣	진칠 진	珍	보배 진
差	어긋날/다를 차	讚	기릴 찬	採	캘 채	冊	책 책	泉	샘 천	聽	들을 청
廳	관청 청	招	부를 초	推	밀 추	縮	줄일 축	就	나아갈 취	趣	뜻 취
層	층 층	針	바늘 침	寢	잘 침	稱	일컬을 칭	歎	탄식할 탄	彈	탄알 탄
脫	벗을 탈	探	찾을 탐	擇	가릴 택	討	칠 토	痛	아플 통	投	던질 투
鬪	싸움 투	派	갈래 파	判	판단할 판	篇	책 편	評	평론할 평	閉	닫을 폐
胞	태/세포 포	爆	불터질 폭	標	표할 표	品	성품/물건 품	疲	피곤할 피	避	피할 피
閑	한가할 한	恨	한 한	抗	항거할/겨룰 항	核	씨 핵	憲	법 헌	險	험할 험
革	가죽 혁	顯	나타날 현	刑	형벌 형	或	혹시 혹	婚	혼인할 혼	混	섞을 혼
紅	붉을 홍	華	빛날 화	歡	기쁠 환	環	고리 환	況	상황/하물며 황	灰	재 회
厚	두터울 후	候	기다릴/기후 후	揮	휘두를 휘	喜	기쁠 희				

Foreign Copyright:
Joonwon Lee
Address: 3F, 127, Yanghwa-ro, Mapo-gu, Seoul, Republic of Korea
         3rd Floor
Telephone: 82-2-3142-4151, 82-10-4624-6629
E-mail: jwlee@cyber.co.kr

부수로 연상하는 한자 길라잡이

초등한자 따라 쓰기 1000字

2017. 3. 20. 1판 1쇄 발행
2018. 9. 6. 1판 2쇄 발행
2020. 8. 3. 1판 3쇄 발행
2021. 12. 24. 1판 4쇄 발행

저자와의
협의하에
인지생략

지은이 | 손동조
펴낸이 | 이종춘
펴낸곳 | BM (주)도서출판 성안당
주소 | 04032 서울시 마포구 양화로 127 첨단빌딩 3층(출판기획 R&D 센터)
      | 10881 경기도 파주시 문발로 112 파주 출판 문화도시(제작 및 물류)
전화 | 02) 3142-0036
     | 031) 950-6300
팩스 | 031) 955-0510
등록 | 1973. 2. 1. 제406-2005-000046호
출판사 홈페이지 | www.cyber.co.kr
ISBN | 978-89-315-8038-9 (63700)
정가 | 15,000원

이 책을 만든 사람들
기획 | 최옥현
진행·편집 | 정지현
교정·교열 | 이태원
본문 디자인 | 김인환
표지 디자인 | 박원석, 박현정
홍보 | 김계향, 이보람, 유미나, 서세원
국제부 | 이선민, 조혜란, 권수경
마케팅 | 구본철, 차정욱, 나진호, 이동후, 강호묵
마케팅 지원 | 장상범, 박지연
제작 | 김유석

■ 도서 A/S 안내

성안당에서 발행하는 모든 도서는 저자와 출판사, 그리고 독자가 함께 만들어 나갑니다.
좋은 책을 펴내기 위해 많은 노력을 기울이고 있습니다. 혹시라도 내용상의 오류나 오탈자 등이 발견되면 "좋은 책은 나라의 보배"로서 우리 모두가 함께 만들어 간다는 마음으로 연락주시기 바랍니다. 수정 보완하여 더 나은 책이 되도록 최선을 다하겠습니다.
성안당은 늘 독자 여러분들의 소중한 의견을 기다리고 있습니다. 좋은 의견을 보내주시는 분께는 성안당 쇼핑몰의 포인트(3,000포인트)를 적립해 드립니다.
잘못 만들어진 책이나 부록 등이 파손된 경우에는 교환해 드립니다.